中华复兴之光
千秋名胜古迹

考古传奇文物

李姗姗 主编

汕頭大學出版社

图书在版编目（CIP）数据

考古传奇文物 / 李姗姗主编. -- 汕头 ： 汕头大学
出版社，2017.1（2020.6重印）
　　（千秋名胜古迹）
　　ISBN 978-7-5658-2834-8

　　Ⅰ．①考… Ⅱ．①李… Ⅲ．①文物—介绍—中国
Ⅳ．①K87

中国版本图书馆CIP数据核字(2016)第293983号

考古传奇文物　　　　KAOGU CHUANQI WENWU

主　　编：李姗姗
责任编辑：宋倩倩
责任技编：黄东生
封面设计：大华文苑
出版发行：汕头大学出版社
　　　　　广东省汕头市大学路243号汕头大学校园内　邮政编码：515063
电　　话：0754-82904613
印　　刷：北京中振源印务有限公司
开　　本：690mm×960mm　1/16
印　　张：8
字　　数：98千字
版　　次：2017年1月第1版
印　　次：2020年6月第3次印刷
定　　价：32.00元
ISBN 978-7--5658-2834-8

前 言

党的十八大报告指出："把生态文明建设放在突出地位，融入经济建设、政治建设、文化建设、社会建设各方面和全过程，努力建设美丽中国，实现中华民族永续发展。"

可见，美丽中国，是环境之美、时代之美、生活之美、社会之美、百姓之美的总和。生态文明与美丽中国紧密相连，建设美丽中国，其核心就是要按照生态文明要求，通过生态、经济、政治、文化以及社会建设，实现生态良好、经济繁荣、政治和谐以及人民幸福。

悠久的中华文明历史，从来就蕴含着深刻的发展智慧，其中一个重要特征就是强调人与自然的和谐统一，就是把我们人类看作自然世界的和谐组成部分。在新的时期，我们提出尊重自然、顺应自然、保护自然，这是对中华文明的大力弘扬，我们要用勤劳智慧的双手建设美丽中国，实现我们民族永续发展的中国梦想。

因此，美丽中国不仅表现在江山如此多娇方面，更表现在丰富的大美文化内涵方面。中华大地孕育了中华文化，中华文化是中华大地之魂，二者完美地结合，铸就了真正的美丽中国。中华文化源远流长，滚滚黄河、滔滔长江，是最直接的源头。这两大文化浪涛经过千百年冲刷洗礼和不断交流、融合以及沉淀，最终形成了求同存异、兼收并蓄的最辉煌最灿烂的中华文明。

五千年来，薪火相传，一脉相承，伟大的中华文化是世界上唯一绵延不绝而从没中断的古老文化，并始终充满了生机与活力，其根本的原因在于具有强大的包容性和广博性，并充分展现了顽强的生命力和神奇的文化奇观。中华文化的力量，已经深深熔铸到我们的生命力、创造力和凝聚力中，是我们民族的基因。中华民族的精神，也已深深植根于绵延数千年的优秀文化传统之中，是我们的根和魂。

中国文化博大精深，是中华各族人民五千年来创造、传承下来的物质文明和精神文明的总和，其内容包罗万象，浩若星汉，具有很强文化纵深，蕴含丰富宝藏。传承和弘扬优秀民族文化传统，保护民族文化遗产，建设更加优秀的新的中华文化，这是建设美丽中国的根本。

总之，要建设美丽的中国，实现中华文化伟大复兴，首先要站在传统文化前沿，薪火相传，一脉相承，宏扬和发展五千年来优秀的、光明的、先进的、科学的、文明的和自豪的文化，融合古今中外一切文化精华，构建具有中国特色的现代民族文化，向世界和未来展示中华民族的文化力量、文化价值与文化风采，让美丽中国更加辉煌出彩。

为此，在有关部门和专家指导下，我们收集整理了大量古今资料和最新研究成果，特别编撰了本套大型丛书。主要包括万里锦绣河山、悠久文明历史、独特地域风采、深厚建筑古蕴、名胜古迹奇观、珍贵物宝天华、博大精深汉语、千秋辉煌美术、绝美歌舞戏剧、淳朴民风习俗等，充分显示了美丽中国的中华民族厚重文化底蕴和强大民族凝聚力，具有极强系统性、广博性和规模性。

本套丛书唯美展现，美不胜收，语言通俗，图文并茂，形象直观，古风古雅，具有很强可读性、欣赏性和知识性，能够让广大读者全面感受到美丽中国丰富内涵的方方面面，能够增强民族自尊心和文化自豪感，并能很好继承和弘扬中华文化，创造未来中国特色的先进民族文化，引领中华民族走向伟大复兴，实现建设美丽中国的伟大梦想。

目 录

三星堆与遗物

三星堆文化遗址广阔　002

三星堆文化遗物丰富　008

曾侯乙墓与编钟

022　曾侯乙墓来历神奇

032　曾侯乙墓神奇的编钟

秦始皇陵与兵马俑

秦始皇陵气魄宏伟　040

秦兵马俑气势磅礴　048

马王堆汉墓与遗物

马王堆汉墓主人的真相　060

马王堆汉墓形制独特　065

随葬物品珍贵而繁多　070

六大考古发现

080　祭祀遗珍红山坛庙冢

088　地下瑰宝殷墟妇好墓

095　青铜宝藏春秋赵卿墓

101　陵墓奇珍中山国王墓

106　文化宝库西汉南越王墓

116　佛门秘宝法门寺地宫

三星堆与遗物

　　三星堆遗址位于四川广汉南兴镇西北鸭子河南岸，南距四川成都40千米。它是我国西南地区的青铜时代遗址，是一座由众多古文化遗存分布点所组成的一个庞大遗址群，因有3座突兀在成都平原上的黄土堆而得名。

　　三星堆文明上承古蜀宝墩文化，下启金沙文化、古巴国，前后历时约2000年，是我国长江流域早期文明的代表，被誉为世界"第九大奇迹"。

三星堆文化遗址广阔

　　出四川广汉约三四千米，有三座突兀在成都平原上的黄土堆，"三星堆"便因此而得名。1929年春，当地农民燕道诚在宅旁挖水沟时，发现了一坑精美的玉器，由此拉开了三星堆文明的研究序幕。

三星堆遗址群规模巨大，范围广阔，大多分布在四川省广汉市南兴镇西北的鸭子河南岸，以及马牧河南北两岸的高台地上，是四川省古代最大最重要的一处古文化遗存。

该遗址群的文化遗存可分为4期，其中，一期为早期堆积，属于新石器时代晚期文化，2期至4期则属于青铜文化。

三星堆古文化遗存分布点达30多个，其中以西城墙遗址、月亮湾城墙遗址、祭祀坑遗址、古城墙遗址、仁胜墓地遗址最为重要。

西城墙位于三星堆遗址西北部鸭子河与马牧河之间的高台地上，呈东北、西南走向。

在城墙的中部和北部，各有一个宽约20米的缺口，此缺口将西城墙分为北、中、南三段。其中段南端在缺口处向东拐折延伸约40米，与中段北段略成垂直相接。

结合从北端鸭子河和南端的马牧河冲刷暴露出来的城墙剖面，以及夯土内的包含物分析来看，西城墙的结构、体量、夯筑方法和年代，与南城墙及东城墙相近。

月亮湾外城墙位于三星堆遗址中北部的月亮湾台地东缘，按走向可分南、北两段，北段为东北和西南走向，南段略向东折，基本上呈正南北走向，整条城墙与西城墙北段基本平行。

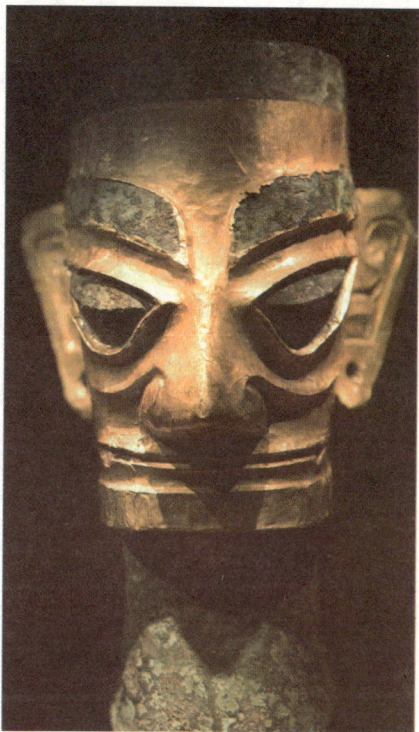

月亮湾内城墙全长650米，顶宽20米左右，高2.4米至5米。北端宽30米至45米，中段有拐折，夹角为148度，北端为32度，南端成正南北走向。

城墙南段较高。城墙东侧有壕沟。根据在北段北部的情况，月亮湾墙横断面呈梯形。

墙体采取了无基槽式平地起夯，由东向西依次分块斜向堆筑的夯筑方法，墙体材料主要为泥土和沙土，局部采用卵石垒筑、支撑。城墙结构清楚，夯层明显，夯筑方法较为特殊。

三星堆著名的一、二号祭祀坑位于三星堆城墙东南，是三星堆遗址最重要的发现之一。两坑坑室走向一致，均为东北和西南走向。坑口呈长方形，口大底小，坑壁整齐，经填土夯打而成。

坑室内器物均分层放置，埋藏现象前所未见，大多数器物埋葬时或埋葬前明显经过有意的焚烧和破坏，或烧焦、发黑、崩裂、变形、发泡甚至熔化，或残损、断裂甚至碎成数块或数段，而散落在坑中不同位置。部分青铜器、头像及面具有的口部涂朱，有的眼部描黑。

一号坑共发现各类器物567件。其中，青铜制品178件，黄金制品4件，玉器129件，石器70件，象牙13根，海贝124件，雕云雷纹骨器10件，完整陶器39件，以及3立方米的烧骨碎渣。

二号坑共发现各类遗物以及残片和可识别出的个体

6095件。其中，青铜制品736件，黄金制品61件，玉器486件，石器15件，绿松石3件，象牙67根，象牙珠120件，象牙器4件，海贝4600枚。

两坑中器物的种类，除部分中原地区夏商时期常见的青铜容器、玉石器和巴蜀文化遗址常见的陶器外，大多是其他地方从未发现过的新器物，如青铜群像、青铜神树群、青铜太阳形器、青铜眼形器、金杖、金面罩等。

两坑器物不仅数量巨大，种类繁多，文化面貌复杂、新颖、神秘，而且造型奇特，规格极高，制作精美绝伦，充分反映了商代蜀国高度发达的青铜铸造技术、黄金冶炼加工技术、玉石器加工技术以及独特的审美意识和宗教信仰。

三星堆城墙位于三星堆遗址南部，呈西北和东南走向。西北端的地面部分，现存部分长约40米；东南端临马牧河岸缘，原城墙分布情况依稀可见。

根据城墙基础可知，三星堆城墙长度为260米，基础宽度为42米。城墙南侧有壕沟，宽度30米至35米，壕沟距地表深2.84米，壕沟深2.4米。

城墙上开有两个缺口，据考证，缺口的年代不会早于明代。因此，三星堆城墙是一条内城墙。

三星堆城墙结构、筑法、体量及城墙内的包含物与东、西、南城墙基本一致，唯顶部宽度不及其他城墙。

仁胜村墓地位于三星堆遗址西北部西城墙外的仁胜村，这是首次在三星堆遗址发现的成片分布的公共墓地，也是首次在古城以外发现的重要文化遗迹。仅在约900平方米的范围内，就发掘出29座小型长方形竖穴土坑和狭长形竖穴土坑墓葬。

墓葬分布密集、排列有序，墓向基本一致，墓室加工较为考究，绝大多数墓葬有一具人骨架，葬式均为仰身直肢葬。17座墓葬出土有玉器、石器、陶器、象牙等几类随葬品。

其中，玉石器大多是三星堆遗址首次发现的新器形，如玉锥形器、玉牙璧形器、玉泡形器、黑曜石珠等，而玉牙璧形器极为罕见，玉锥形器则明显地具有长江下游良渚文化的风格，引人注目；另有一件玉牙璧形器，表面钻有9个圆孔，可能与古代占卜术有关。

这29座墓葬的下葬年代基本一致，相当于中原的夏王朝时期。仁胜村墓地的发现，对于进一步摸清三星堆古城的布局，了解三星堆文化的丧葬习俗及占卜礼仪，以及与其他地区考古学文化的联系，都具有十分重要的价值。

青关山遗址位于鸭子河南岸的台地上，发现大型红烧土房屋基址一座，其平面呈长方形，西北和东南走向，能观察到的面积约为100平方米。

其西北和东南都由红烧土夯筑而成，并夹杂大量卵石。土房屋基槽宽三四米。据推测，其修筑方法为先挖基槽，然后夯筑房基。

该房屋基址的实际面积、修筑方法、残存高度、进深开间并不清晰，但如此规模的房屋基址，在三星堆遗址中是从未遇到的，其功能已远远超过一般居室的需要，它们极有可能是宫殿性质的建筑，建筑年代为商代。

知识点滴

三星堆古遗址同属中华文明的母体，被誉为"长江文明之源"。三星堆文物，是具有世界影响的文物，在我国蔚为壮观的文物群体中，是最具历史科学文化艺术价值，且最富观赏性的文物群体之一。三星堆文物已多次出国巡展，先后在瑞士、德国、英国、丹麦、美国、日本、澳大利亚、加拿大、法国等国展出，所到之处无不引起强烈震撼。

三星堆文化遗物丰富

三星堆祭祀坑中有上千件青铜器、金器和玉石器。其中，一号坑出土的青铜器的种类有人头像、人面像、人面具、跪坐人像、龙形饰、龙柱形器、虎形器、戈、环、戚形方孔璧、龙虎尊、羊尊、瓿、器盖、盘等。

二号坑出土的青铜器有大型青铜立人像、跪坐人像、人头像、人面具、兽面具、兽面、神坛、神树、太阳形器、眼形器、眼泡、铜铃、铜挂饰、铜戈、铜戚形方孔璧、鸟、蛇、鸡、怪兽、水牛头、鹿、鲶鱼等。

在这数千件稀世遗物中，最具特色的首推数百件青铜器。这些青铜像铸造精美、形态各异，既有夸张的造型，又有优美细腻的写真，组成了一个千姿百态的神秘群体。

在众多的青铜人面像里有3件著名的"千里眼、顺风耳"的造型。

它们不仅体型庞大，而且眼球明显突出眼眶，双耳更是极尽夸张，长大似兽耳，大嘴也阔至耳根，使人体会到一种难以形容的惊讶和奇特。而它们唇吻三重嘴角上翘的微笑状，又给人以神秘和亲切之感。

其中最大的一件通高0.65米，宽1.38米，圆柱形的眼珠，突出眼眶达0.16米；另一件鼻梁上方镶嵌有高达0.66米的装饰物，既像通天的卷云纹，又像是长有羽饰翘尾卷角势欲腾飞的夔龙状，显得怪诞诡异。

根据有关的民族志材料，许多民族的神职人员在通神作法的时候，往往要服用某些令人致幻的药物，凭借这些药物的力量，他们成为一群很特殊的人，掌握着较高的文化，但是眼睛是失明的。

难道在三星堆王国的神圣阶层中，果真有一群瞎子吗？也许真的会有？

三星堆遗址出土的文物青铜鸟脚人像残高81.2厘米，分上下两部分，上部人身残高31.2厘米，穿紧身短裙，短裙上还有非常细致的螺旋状纹理，这些纹理跟商代青铜器上的纹理非常相似。人像腿粗硕健壮，鸟爪强劲有力的钳住下面的鸟头。鸟的造型极为抽象，大大的眼睛，弯弯的钩喙，从颈部变成蛇、龙等动物的尾巴。下部鸟高50厘米。

三星堆祭祀坑的最大青铜立人像身高1.7米左右，连座通高2.62米，重180千克，被尊称为世界铜像之王。

据考证，它的铸造时间距今有3000年。如此庞大的青铜巨人，在国内的商周文物中尚属首例，因此被誉为"东方巨人"。

青铜立人像的面部特征为高鼻、粗眉、大眼，眼睛呈斜竖状，阔嘴，大耳，耳垂上有一个穿孔，脑袋后端有发际线。人像身躯瘦高，手臂和手粗大、夸张，两只手呈抱握状。

青铜立人像上身着窄袖与半臂式右衽3件套装。头戴莲花状的兽面纹和回字纹高冠，后脑勺上铸有一凹痕，可能原有发簪之灯的饰物嵌在这里。

人像最外一层为单袖半臂式连肩衣，衣上佩方格状类似编织而成的绶带，绶带两端在背心处结襻，襻上饰物已脱落。衣左侧有两组相同的龙纹，每组为两条，呈"己"字相背状。

人像衣服右衽前后两边各有竖行的两组纹饰图案，一组为横倒的蝉纹，另一组为虫纹和目纹相间的纹饰。中间一层为"V"形领，短袖。

衣左背后有一卷龙纹。最里一层深衣分前后裾，前裾短而平整，后裾长，两侧摆角下垂近脚踝。在前后裾上，有头戴锯齿形冠的兽面纹。脚戴镯，赤足立于兽面台座上。

青铜立人像的头顶花冠正中，有一个圆形的代表太阳的标志。从它所在的位置看，这个巨大的立人像也许就是代表太阳神在行使自己的职能，也许他本身就是太阳神的化身，这也许是太阳崇拜的直接表现。

青铜立人像不是一件写实风格的雕像，从人物的骨骼上分析，他的躯体不符合正常人的比例，在世界的任何地方都找不到长有这般躯体的人。那么粗那么大的手，那么细的身体，那么长的脖子都无法和现有的人种联系起来。

也就是说，这件雕像表现的不是一般意义的人。只能把它解释为一种艺术造型，一种抽象、一种程式化的东西。这是古蜀人喜欢的一种艺术形式。

那么，这尊青铜立人像代表的可能一个政教合一的宗教领袖，例如蜀王。而如果从制造者选取材质的角度考虑，立人像应该在众铜人像中指挥着全局。

这双大得出奇的环握状的手与身体的比例极不协调。那么这双巨大的手里面原本是空空的吗？如果不是，它可能把握着什么呢？

这两只手握成的圆形并不是同心的，也就是说，这尊大立人把握的器物应该是两件或者是一件弯曲的东西。那会是什么东西呢？

可能立人像手中握着的是玉琮。玉琮是一种极富地方特色的玉器，流行于5000年前我国东南地区的良渚文化中。但是，立人像双手的位置几乎不可能抓住像琮这样外方内圆的物体。

由于上方的一只手握成孔的直径要大一些，双手的位置清楚地表明所执物体必须有一定的弯度，所以可能是一根牙尖向下的象牙。

如果立人像是古蜀国人的宗教首领像，铜像双手所握的就应该是类似彝族巫师的法具神筒。但是，立人像的衣冠饰件均为青铜铸就，如果他双手果真要持通天柱或神筒柱这样的法器，那也应该由青铜铸造才是，不应偏偏是这个物件要拿木头或竹子来制作。

从三星堆的许多器物中归纳出奇特的手的造型，发现所有人物的手都特别大，特别突出。可能这只是一种手势，它手里并没有拿东西，好像巫师在作法时的一种动作，就是在不停地比划着什么。

三星堆文化没有文字，但有象征符号，鸟、虫、鱼、人、羊……特别是鸟形器与鸟形纹，一眼就能辨认。这些符号与纹饰构成一个把自然界与人间万物召唤在一起的神秘系统。这是远古以来图腾崇拜的遗存，其中尤以鸟图腾最为明显，以鸟图腾为巴蜀族徽的器物分布最为广泛。

三星堆二号坑出土的众多铜器中，有许多鸟类造型。显然，这是三星堆人对鸟类产生的特殊情结。一方面，由于蜀地当时鸟类繁多，千姿百态，使蜀人引以为豪；另一方面，鸟类有灵活的翅膀，能够自由飞翔，甚至能上达碧霄，进入人类难以到达的境界，使人产生敬畏之情，甚至让人崇拜。

青铜鸟宽15.4厘米、通高27.8厘米。铜鸟立于圆座上。圆座顶微隆，腰部内凹处有四圆孔，下为中空圈足。鸟昂首向前，大眼尖喙，鸟身修长，两侧羽翅长及尾部与尾羽相并上翘。鸟背部铸饰的一只歧分三枝的立式羽翅，使鸟身原本较为平实的构型生出了几分奇趣。

铜鸟头横断面呈椭圆形。矮冠末端上卷，大眼，钩喙，如鹰头。钩喙口缝及眼珠周围涂朱。器下端边沿处有三圆孔。

著名的青铜纵目面具代表的，其实是人鸟合体的一种正式表现形式。面具两个尖尖的耳朵，是杜鹃鸟的两只翅膀，它的勾啄般的鼻子则象征它是鹰隼一类的鸟。

古蜀国的第二代王叫鱼凫。凫就是鸟，具体指的是水上的鱼鹰。距离三星堆遗址很近的地方有一条大河叫鸭子河，从古以来一直有打鱼的人在这条河上豢养鱼鹰。这种能战胜鱼的鹰，也许在远古时代被人们仰慕。

青铜太阳轮形器是三星堆最具神秘性的器物之一。轮形器直径0.84米，器物中心为一个圆凸形的轮毂，轮毂向周围有放射状根辐条5根，辐条外有一周轮圈。圆凸形的轮毂中心及晕圈上各有一小孔做固定使用。

青铜太阳轮与同一祭祀坑出土的铜神殿屋盖上的太阳纹饰相似，也与我国南方的铜鼓上的太阳纹饰相像，这种近似车轮的青铜器件是太阳神崇拜的象征物，因此被称作太阳轮形器。

可以推知，当时的古蜀国已经有了专门祭日的仪式。自然界和人类都喜欢对称法则，因为，对称不但美观、稳定，而且简洁、易于铸造。

但是，三星堆的工匠们为什么要舍简求繁制造5根辐条呢？那么，轮形铜器应该是一种盾的装饰物，它是一种舞蹈仪式进行时的一种法器，它上面的花纹可以表示它是代表太阳。

三星堆二号坑有6件由青铜制造的"树木"，分别为一号至六号青铜神树。但是只比较完好地恢复了一号青铜神树。残存的一号大铜树高3.96米，由于最上端的部件已经缺失，估计全部高度应该在5米左右。树的下部有一个圆形底座，3道根状物斜撑在树干的底部。

神树树干笔直，套有3层树枝，每一层有3根枝条，全树共有9根树枝。所有的树枝都柔和下垂。枝条的中部又伸出短枝，短枝上有镂空花纹小圆圈和花蕾，花蕾上各有一只昂首翘尾的小鸟。

神树枝头有包裹在一长一短两个镂空树叶内的尖桃形果实。在每层3根枝条中，都有一根分出两条长枝。在树干的一侧有4个横向的短梁，将一条身体倒垂的龙固定在树干上。

三星堆遗址的青铜神树称得上是一件世上仅有、极其奇妙的器物。青铜神树树枝上共栖息着9只神鸟，可能是暗合了古典籍中"九日居下枝"的说法。由于神树的最顶端残缺，但推测神树的顶端应该还有一只神鸟，即暗合"一日居上枝"的说法。

同时，在旁边还有数件原本应该立在花蕾上的铜鸟、人面鸟身像等，很可能其中的一件便是那只居于神树上枝的铜鸟。

三星堆的二号铜树仅保留着下半段，整体形态不明，下面为一个圆盘底座，3条象征树根的斜撑之间的底座上，各跪有一人，人像的双手前伸，似乎原先拿着什么东西。

由部分复原的形状来看，二号铜树树干每层伸出3根树枝。它的枝头有一长一短叶片包裹的花蕾，其后套有小圆圈，与一号大铜树基本相同。但枝条的主体外张并且上翘，鸟歇息在枝头花蕾的叶片上，这却不同于一号大铜树。

这两棵大铜树体量巨大，尤其是一号大铜树上还有飞龙盘绕，它们应当不是普通的树木，而是具有某种神性的神树。

神树在我国的古代神话传说中不止一种，这些高大的铜树代表扶桑和若木，是古蜀人幻想的一种上天的天梯。这种天梯是同太阳所在的地方相连接的，在东方叫扶桑，在西方叫若木。

三星堆大铜树以树的躯干、鸟、花和神树之上供人们想象的太阳，展示了一个通天的主题。在青铜树的枝干上，可以清晰地看到有一些用以垂挂器物的穿孔，而且坑中还有一些小型青铜器件。那么这些由青铜制作的发声器，也许是悬挂在铜树上的。

此外，尤其令人迷惑不解的是，这棵青铜神树如果全部按原型组装竖立起来，如此巨大的青铜神树，由于重心极其靠上，它根本就无法自然站立。

因此，这棵青铜神树应该是为一次大型祭祀而临时铸成的，而不是作为长期陈列而设置的。因为用青铜铸造许多棵带有神秘含意的树木，在当时来说是要下很大的决心的，因为那是一项十分庞大而复杂的工程。

三星堆发现一柄金杖是用较厚的纯金皮包卷而成的金皮木芯杖，杖长142厘米，直径2.3厘米，净重500克。杖的上端有一段长46厘米的平雕纹饰图案，分为3组：最下一组为前后对称的人头，人头上戴冠，耳饰有三角形耳坠。前后人头上下各有两周线纹，人头间用双钩形纹饰相隔。

上端的两组图案相同，下方为两背相对的鸟。上方为两背相对的鱼，在鱼的头部和鸟的颈部上压有一支箭，表现鸟驮负着被箭射中的鱼飞翔而来。由此推测，这支金杖可能是蜀王鱼凫氏的权杖。

古蜀王国用金杖标志至高无上的统治权力，这同中原夏、商、周三代用鼎作为最高权力的标志物是全然不同的。

另外，在三星堆遗址发现的铜胎敷金面罩是用金箔在铜头像上捶拓而成，也可能原是粘在铜头像上的。大小和造型风格与一起的铜像相同。面罩双眉、双眼及口部镂空，鼻部凸起。

三星堆的金面罩可能根本就不是面罩，它是古蜀人为青铜头像装点的黄金的皮肤。

这些人可能具有特殊的身份，就跟那些最大的铜像，它用铜作为整个人的脸面一样。

这种用黄金来表现除了眼睛、眉毛以外的皮肤这些部分，可能是要说明这个铜人头像具有不同于其他人头像的特殊身份。

另外，三星堆遗址中还有很多珍贵的遗物，如青铜兽首冠人像、青铜人面具、金箔虎形饰、金箔鱼形饰以及玉璞、玉琮等。

青铜兽首冠人像仅存人像上半身。残高人像头戴兽面冠，冠顶两侧有两兽耳耸立，中间有一呈象鼻卷曲状的装饰物。人像造型和手姿与青铜立人像相似。长刀眉，栗状眼，三角形鼻，长方耳，耳垂穿孔。阔口，闭唇，方颐，颈部长直。

人像两臂平抬，两手似握有琮，右手在上，左手在下。人像身穿对襟衣服，腰间系带两周，带在腰前打结。衣服为镂空的纹饰，上身前后为云雷纹，两肘部为变形的夔龙纹。

青铜人脸宽短，宽额，三角形鼻，鼻梁短直，鼻头肥大，长方形耳郭，饰云雷纹，耳垂穿孔。长刀眉，杏眼，方颐，阔口，闭唇，嘴角下钩，下颌向前斜伸。额正中及耳上下各有一个穿孔。

金箔虎用金箔捶拓而成。巨头，昂首，口大张，眼镂空，大耳，身细长，饰虎斑纹，前足伸，后足蹲，尾上卷，呈咆哮状。

金箔鱼形饰，该器物为挂饰，形似鱼，又似璋器，一端由后至前呈弧形向两侧宽出，中间也呈弧形向两侧分开；另一端呈钝角形，中间有一小圆孔，两侧各开一缺口。

玉璞为自然砾石，不规则形，表面呈栗红色，质地坚硬。一面将玉皮磨平，皮下为浅黄色。挑选玉料的常见方法是，从河沟内将采集的标玉磨去玉皮以观察玉的质地。该玉料未经进一步加工，故称玉璞。

玉琮呈黄绿色。半透明，局部有橘红色斑点，一面有瑕口。玉琮身内圆外方，四边委角较圆，两端射部较矮。四方正中阴刻平行线，另在转角处刻出平行横线，分上、中、下3组，每组5条。

石蟾蜍呈灰白色，石质较软。器身基本完好，仅一腿残断。蟾蜍姿势呈爬行状，头前伸，口微张，露齿，周身满布疙瘩。传说月宫中有3条腿的蟾蜍称为月神。此蟾蜍缺一腿，颇耐人寻味。

石琮全器被火烧，呈鸡骨白色，一端射孔部略残。外方内圆，射呈八菱。

三星堆于1929年初次被发现，1986年发掘之初，在两个神秘的器物坑里，考古专家发现了大量造型奇特、美妙绝伦的青铜人头像、面具、青铜礼器及玉石器。

这一发现，立刻在世界范围内引起轰动，三星堆遗址由此被誉为当时最重要的考古发现之一。由于出土文物不见于任何文字记载，三星堆文化成为一个巨大的谜团，猜想与争议从此开始。

1988年1月，该遗址群被公布为全国重点文物保护单位。1992年8月，三星堆遗址博物馆奠基，1997年10月建成，正式对外开放。

曾侯乙墓
Tomb of Marquis Yi of Zeng

曾侯乙墓与编钟

　　湖北随州发现2400多年前战国初期的曾侯乙墓，最为引人注目的是124件精美乐器，包括编钟等8种，被誉为先秦时期的"地下乐宫"，其中出土的编钟被誉为"稀世珍宝"。

　　曾侯乙墓葬不但有我国古代最完整、最大的一套青铜制曾侯乙编钟，还出土了其他乐器、礼器、漆器等随葬品共1.5万多件。

　　墓葬展示了那个时代的冶铁铸造水平、音乐发展水平等文明成果，是研究那个时代政治、经济、文化等方面的宝贵资料。

曾侯乙墓来历神奇

　　曾侯乙，姓姬名乙。据推定，他大约生于公元前475年，卒于公元前433年，是战国时期南方小国的国君。他不仅是一位熟谙车战的军事家，也是一位兴趣广泛的艺术家。

　　周朝在随国、曾国都封有同姓诸侯，在随州义地岗季氏梁一座春秋中期的墓葬中发现有两件铭文铜戈，器主季怡为曾国公族、曾穆侯之子西宫的后人。铭文中季怡自称"周王孙"，证明曾侯本是周王的宗支。

　　据此推断，曾国为姬姓封国，作为其国君曾侯乙与周天子同姓毋庸置疑，故曾侯乙也可称为"姬乙"。

从楚惠王送给曾侯乙的一件青铜镈上的31字铭文看，曾侯乙死于公元前433年或稍晚，通过对其尸骸的碳-14测定，可以推定曾侯乙的死亡年代在公元前433年至公元前400年，他死时年龄在42岁至45岁。

综合考虑，曾侯乙应当生于公元前475年或稍晚，约在公元前463年前后成为侯，在位约30年。

曾侯乙墓的遗物都表明，曾侯乙生前非常重视乐器制造与音律研究，同时还是擅长车战的军事家。

曾侯乙墓所在地名字叫擂鼓墩，擂鼓墩有2000多年的历史了。

相传公元前605年，斗椒继任令尹之职。斗椒大权独揽，骄横跋扈，杀死主管军事的司马，趁楚庄王率军攻打随国之机，率若敖氏族人发动了叛乱。

这时，楚庄王已兵临随国城，并占领城南制高点。斗椒的叛乱使楚庄王腹背受敌。楚庄王在与斗椒的交战中连损几员大将，自己也险遭斗椒的两箭。

正在危难之时，有人推荐了小将养由基，说他有百步穿杨之功。楚庄王叫养由基当场演试。

这时，恰好天上飞来一群大雁，养由基射出一箭将领头雁射落下来，人们捡来一看，正中大雁咽喉，楚庄王大喜。

第二天两军对阵时，养由基提出要与斗椒比箭，他说："我愿让你先射我3箭，倘若不中，我只射你一箭。"

斗椒连发3箭，第一箭被养由基左手抓住，第二箭被右手抓住，斗椒第三箭瞅准养由基的咽喉狠命射去，养由基略略俯身，一口咬住箭头。

养由基丢下双手箭，取下口中箭，拉满弓，一箭射中斗椒咽喉。这时，叛军大乱，楚庄王亲自擂起战鼓，全歼叛军。楚庄王擂鼓处的高地从此便叫擂鼓墩。

这段神奇的传说在当地流传甚广。

擂鼓墩因为有那一段神奇的传说，历代县志均有记载，于是，便用"擂鼓墩"来为此墓冠名，将这个墓葬编号为随州擂鼓墩一号墓。

古人非常重视墓址的选择，认为墓地风水决定自己在阴间生活的幸福指数，甚至决定家族后代的兴衰。

曾侯乙作为国君，当然对此更为重视，也更有条件挑选一个中意的地点作为自己灵魂安息的地方。曾侯乙选择擂鼓墩作为墓址，是综合考虑了地理环境、地层岩性、地质构造等多种因素决定的。

整个古墓群地带位于山峦起伏的丘陵上，山势走向为近南北走向垄岗地形，自西北蜿蜒而来，至此已到丘陵尽头。从最高处的厉山神农洞到擂鼓墩，山脉没有间断，99座山冈相连。

从东部的岗丘西望，擂鼓墩古墓群恰似一条巨龙仰卧在厥水西岸，曾侯乙墓所处的东团坡位于龙首，整个墓群高出河边平地约20

米。向东约700米，有自北往南流过的厥水，向南约2.5千米，有自西往东而来的涢水，两水在擂鼓墩的东南方向汇合。

擂鼓墩以其奇特的地形地貌，成为数百位国君和贵族的安息地。

在方圆4平方千米的擂鼓墩墓群范围内，均为红砂岩层地质构造。所有墓圹均为岩坑竖穴。墓群范围内均为高低起伏的丘陵，无一座高山，都处于厥水西岸的丘陵上，且顺着山脉走向依次排列。

墓群的东侧紧临河边冲积平原，西侧为高低起伏的岗丘，再西边也是冲积平原。在曾侯乙墓西100米左右，还有一个比它略小的山包西团坡，此坡也为红砂岩地层，与曾侯乙墓所在的东团坡平行由北向南延缓。

在曾侯乙墓以北2千米处发现了王家包、蔡家包两处大型墓葬。从墓葬的形制和规模看，也应该是国君之墓，均保存完好。另外，还发现了吕家塝、王家塆、庙凹坡墓地。因此，擂鼓墩古墓群的面积由原来的0.75平方千米扩展至5.08平方千米。

红砂岩地层犹如铺在大地上的红地毯，真有布秀呈祥之气。风水中的穴、砂、水、向"四灵"，这里都占有。

这正是擂鼓墩古墓数量众多的缘故，也是曾侯乙选择这里作为自己墓址的原因。

曾侯乙墓的

各类随葬的物品多达1.5万件，其中有一件是青铜制的煎鱼盘，盘下放着木炭，盘上有一条鱼，鱼肉虽然已经腐烂消失，从鱼骨头的形态来看，这是一条鲫鱼。

我国的烹调技术素来闻名于世，烹饪讲究色香味，讲火功，讲制作，讲调味。但是整个人类的烹饪有一个发展过程，最开始是生食，除了植物以外，还是"茹毛饮血"；进而发展到熟食，熟食由直接火烤再发展到煮，最后再到蒸。

在烹饪技术中，单是烧、烤、煮、蒸，是难以满足人们对色香味的追求。只有发展到煎炒，讲求火功，这一点才能做到。从新石器时代开始，就已有鬲、鼎、釜这类蒸煮之器，还没有发现煎炒之器。

而曾侯乙墓中的煎鱼盘，说明这个小国的君主曾侯乙在吃鱼方面已讲究煎炒的吃法了。

所以，曾侯乙墓中的煎鱼盘，也说明我国至少在东周时代已有了煎炒鱼类等烹饪的方法了，以后烹饪方法的不断改进，才做出了品种多样的菜肴来。

鱼的本身有一种腥味，这个腥味的来源是因为鱼的体内含有一种叫三甲胺的物质。在2000多年前曾国的曾侯乙，他的厨师在烹调时却放入了一些梅来消除鱼腥味。

在曾侯乙墓出土的鱼骨中，就掺杂有不少这种梅核。这一方法，在我国的烹调史上，可能是比较早的实物资料了。

曾侯乙在饮酒的时候，还特别注意在酒里过滤掉其中的一些沉淀的物质，往往夏季使酒降温，冬季使酒升温；墓中大量的果核中有花椒、山楂皮、山楂果、山楂干、芒耳等，综合这些原因，可以看出曾侯乙还是一位喜爱鲜鱼的美食家。

曾侯乙的侍卫们特别为其国君随葬两鼎鱼，并置备一件煎鱼用的随葬品，自然是国君生前特别爱好的原因。

曾经在北宋时候就在湖北安陆的一些地方出土过两件有铭文的曾侯钟，铭文内容几乎与曾侯乙墓的铸钟铭文相同。

后来那件曾侯钟丢失了，但有关于铭文的拓片却流传了下来。而在安徽寿县朱家集楚干墓也发现一对有铭文的大型曾姬壶。

其形制为方口，有盖，盖有四"S"形纽，长颈，垂腹，方圈足。颈部附两虎形耳。盖上、颈部、圈足部均饰蟠螭纹。

曾姬壶两件壶铭相同，皆铸于壶口内壁，包括合文内容是：

作：隹（唯）王廿又六年，圣之夫人曾姬无卹，（吾）宅兹漾陵，蒿间之无（匹），用乍宗彝尊壶，后嗣甬（用）之，（职）在王室。

铭文涉及了曾国的历史及曾楚两国的关系。曾侯乙墓表明在战国初年汉水以东地区，存在以"曾"为名的诸侯国。

随州城郊季氏梁一座春秋墓中有两件青铜戈，其中一件铭文为："周王孙季怡孔臧元武元用戈"；另一件铭文为："穆侯之子西宫之孙，曾大攻尹季怡之用。"后又表明此曾国为姬姓曾国。

同时，在湖北枣阳、京山、襄阳及河南省的新野等地区也有铭文显示属于曾国的铜器。但我国古籍记载的曾国地点却不在那一带，而那一带据记载曾有一个随国。

于是就有了"曾随合一"说，人们作出了不少推测：一种看法认为曾、随是同一国家，属于一国两名。类似情况我国历史上并不少见，如楚又称荆，魏又称梁，韩又称郑等。

首先，铜器铭文中的曾国与文献记载中的随国族姓相同，均为姬姓封国。夏为姬姓，这已经得到了证实。而随的姓氏，也多见于文献记载。

《春秋左传正义》引《世本》说："随国，姬姓。"高诱注《淮南子·览冥训》"随侯之珠"，也称随为姬姓。由此可见，曾、随都是姬姓，即两者姓氏相同。

其次，地望相同，均在随枣走廊为中心的这一带；时代一致，均在西周至春秋晚期或战国早期。曾国青铜器的年代，从东周初至战国时期的都有，有的可能还早至两周之际。

再次，说随国灭曾国、延姬姓宗嗣。早期曾国已被楚所灭，楚灭随以后，又在随地分封了一个曾国。据文献记载，随州及其附近地区在春秋和战国初年为随国之地，系西周天子所封的姬姓诸侯。

根据青铜器铭文，有一个曾国也为姬姓。因为在春秋前期，楚国逐渐强大，随国虽然不如楚国强大，却也是汉水东面的大国。

它常常同附近的一些小国联合起来抗拒楚国，楚、随之间经常征战。但在公元前640年，随联合汉东诸侯叛楚，楚国斗谷于兔率兵伐随，结果两国达成请和，随成了楚国的属国。

至公元前506年，吴人侵楚，楚昭王出奔抵随，随侯保护了楚昭王，从此楚、随关系发生了重大变化，由敌视变为友好，随国也因此强大起来。它仗着楚国的支持灭了姬姓的曾国，并迁都于曾，也就是西阳，并自称为"曾"。

最后，就认为是曾灭随。根据史籍记载，在周初曾经有3个曾国，分别写作曾、鄫、缯，写法不同，实际只是一个曾氏，是一个很古老的民族，史册上所记载的3个曾国都是他的后裔。但他们后来都被别国所灭。

随国以前曾经是汉水东面的一个姬姓的诸侯国，因为封地在两湖盆地的东北方向，是这一带地域比较广阔的一个国家，《左传》中有"汉东诸国随为大"的说法。

楚国虽说是一个属于异姓的国家，但是在接受册封之后有很大的发展，是一个正在一天天壮大起来的国家。在我国的史籍中就有着楚国和随国友好往来的记载。但是楚国对随心存戒备，在无数次征战之后，即使花费了特别大的代价，也没有将随国除掉，随国就成了楚国的心腹之患。

平衡了各种的利害关系，楚国派遣曾氏进入随国，进行各种间谍活动，把姬姓的随国从而变成曾氏的随国，从此之后楚国和这个新的随国永远结束了战火连天的历史，取而代之的是血脉相连、生死与共的关系。

后来便有了楚昭王奔随，随国誓死保护楚国的事情。曾侯乙墓的这个曾，正是在楚的帮助下灭了随国而建立起来的曾国。

知识点滴

1977年9月底，驻湖北省随州城郊擂鼓墩空军某部后勤雷达修理所进行营房扩建。一天上午，随州南郊擂鼓墩七组的20多位村民和往常一样挖土，挖着挖着，有个民工在离地面两三米深的地方，忽然发现了20余件古代青铜器。

1978年春，随州爆出了一条轰动全国乃至世界的新闻：在城西2000米一个叫擂鼓墩的地方，发掘了一座战国早期的大型木椁墓葬，即曾侯乙墓。

墓中出土了大量精美的文物，其中许多造型奇特、工艺精湛的文物是前所未见的珍品。

曾侯乙墓神奇的编钟

　　在曾侯乙墓中最为辉煌堪称"国之瑰宝"的要数庞大的乐器组合——编钟了。曾侯乙编钟是我国发现数量最多、保存最好、音律最全、气势最宏伟的一套乐器编钟。

钟是一种打击乐器，用于祭祀或宴饮时。最初钟是由商代的铜铙演变而来，按其形制和悬挂方式又有甬钟、钮钟、镈钟等不同称呼。钟依大小次序成组悬挂在钟架上，形成合律合奏的音阶，称之为编钟。

音高和钟的大小直接相关。商代的钟为3枚一套或5枚一套，西周中晚期有8枚一套的，东周时增至9枚一套或13枚一套。春秋战国时期编钟风靡一时，和其他乐器如琴、笙、鼓、编磬等，成为王室显贵的陪葬重器。

曾侯乙编钟数量多、规模大，按大小和音高为序编成8组，悬挂在3层满饰彩绘花纹的铜木结构的钟架上。编钟形体和重量是上层最小，中层次之，下层最大。最小的一件重2400克；最大的一件重203.6千克。它们的总重量在2500千克以上，其重量和体积在编钟中是罕见的。

编钟的钟架为铜木结构，呈曲尺形，由6个佩剑的青铜武士和几根圆柱承托着。横梁木质，绘饰以漆，横梁两端有雕饰龙纹的青铜套。

中下层横梁各有3个佩剑铜人，以头、手托顶梁架，中部还有铜柱加固。铜人着长袍，腰束带，神情肃穆，是青铜人像中难得的佳作。以铜人作为钟座，使编钟更显华贵。

最上层3组19件为钮钟，形体较小，有方形钮，篆体铭文，但铭文呈圆柱形，枚为柱状，字较少，只标注音名。

中下两层钟是编钟的主体部分，分为3组，这3组钟形制各异，第一套称为"琥钟"，由11枚长乳甬钟组成；第二套称为"赢司钟"，由12枚短乳甬钟组成；第三套称为"揭钟"，由23枚长乳甬钟组成。甬钟有长柄，钟体遍饰浮雕式蟠虺纹，细密精致。

钟上有错金铭文，除"曾侯乙作持用终"外，都是关于音乐方面的。在鼓中部和左面标出了不同音高，如宫、羽、宫曾等22个名称；另一面铸有律名、调式和高音名称以及曾国与楚、周、齐、晋的律名和音阶名称的对应关系。

气势磅礴、雄伟壮观的65件曾侯乙编钟里有一件与众不同、自成一体，它叫镈钟。这件镈钟悬挂在巨大的曲尺形钟架最下层中间最显眼的位置。

镈钟形体硕大，钮呈双龙蛇形，龙体卷曲，回首后顾，蛇位于龙首之上，盘绕相对，姿势跃然浮现。器表也做蟠虺装饰，枚扁平。

镈钟形制独特，花纹繁缛，制作精美，是青铜器中的精品。镈钟中部镌刻有31字的铭文，其意思是说，公元前433年，楚惠王熊章从西阳回来，专门为曾侯乙做了这件镈钟，作为礼品送到西阳，让曾侯永世用享。

经研究发现，铭文的内容与其他钮钟、甬钟的铭文内容完全不同，没有一字是涉及乐律方面的。说明镈钟与曾侯乙编钟无关，原本就不是一套的，可能是下葬时临时加进去的，它把下层最大的一件编钟挤掉了，将其悬挂在最显眼的位置，表示对楚国的尊重。

楚国给曾国送如此厚重的礼品，说明曾楚两国的友好关系非同一般。春秋战国时期，楚国是七雄中的强国，在楚怀王以前，楚国是相当强大的，所以苏秦说："地方五千里，带甲百万，车千乘，骑万匹，支十年。"

如此强大的楚国为什么会给小小的曾侯送那么厚重的礼品呢？

《史记》和《楚世家》都记载了楚昭王奔随这个故事：公元前506年，吴王阖闾和他的兄弟夫概率兵攻打楚国，五战获胜，最后攻破了楚国的都城郢，即现在的江陵。

当时，吴国手握军事大权的统帅伍子胥也参与了这次伐楚战争，占领楚国后，伍子胥和伯嚭大夫为了报杀父之仇，于是命士兵将楚平王的坟墓掘开，拖尸于棺外，用皮鞭抽打其尸体，然后暴尸于荒野。

破城之时，楚昭王慌忙从郢都逃到云梦泽，被吴军射伤。楚昭王又急忙逃到郧国，郧国国君的弟弟认为楚昭王不仁不义，要杀他。于是，楚昭王来不及喘息，再次逃到随国，这就是古代历史上有名的"楚昭王奔随"。

吴王阖闾听说楚昭王逃到随国，立即率众兵赶往随国。这时候随侯，即曾侯紧闭城门，调遣兵力，加强防卫。

吴王阖闾赶至城下对随侯说："周天子的子孙，分封在江汉流域的，都被楚国灭掉了，你国迟早也会被楚国灭掉，还是早点把他交出来，让我杀掉他。"

吴王阖闾要率兵亲自进城寻找，随侯坚决不肯，并说："随与楚国世代友好，你不要再说了。楚昭王不在随国，他已经逃走了。"

吴王没办法，只好带兵离开随国回楚都郢去了。就这样随侯保护了楚昭王，楚昭王因此而感激随侯。

恰在这时，楚国的援军赶到了，将吴军打得大败，吴王阖闾的弟弟夫概见大势已去，自己带兵回到吴国自立为王了。

吴王阖闾得知这一消息后，慌忙带兵离开了楚国的郢都回到吴国。楚昭王因此得以保全了性命，回国复位。

镈钟铭文上的楚惠王熊章正是楚昭王的儿子。为了报答曾侯乙的救父之恩，楚惠王才将如此精美的镈钟送给了他。

江汉诸国尽灭于楚，唯曾独存，也可能就是因为曾、楚两国世代友好的原因。

与曾侯乙编钟相伴的有一套编磬，是古编磬中的杰出代表。青铜镏金的磬架，呈单面双层结构。

编磬的主架为青铜错金磬架，是由一对圆雕集龙首、鹤颈、鸟身、鳖足为一体的怪兽铜立柱，咬合着两根铜杆作为横梁，兽顶插附的立柱从腰、顶两处与横梁榫接。横梁杆底等距有焊铸铜环，用于挂磬钩，磬架施线条流畅的错金云纹。

据研究，全架编磬原有41块，每磬发一音，为12半音音列，音域跨3个8度，音色清脆明亮而独具特色。

磬块上也有与钟铭相通的墨书和刻文，内容是编号、标音及乐律理论。

其精美的磬架、众多的磬块、明确的编悬状态、完备的配件，还有配套的装磬之匣和磬槌，均为世上罕见。

曾侯乙编磬展示了3个8度的音乐风貌，丰富的半音显示了旋宫转调的功能。更令人惊叹的是其中的最高音竟与钢琴的最上一键相同。

它与编钟合奏，真谓金石齐鸣，悦耳动听，充分反映了古代设计制造定音乐器方面的辉煌成就，也加深了人们对古代宫廷乐队音域范围和演奏水平的认识。

据研究、推想，曾侯乙编钟演奏时应由3名乐工，执丁字形木槌，分别敲击中层3组编钟奏出乐曲的主旋律，另有两名乐工，执大木棒撞击下层的低音甬钟，作为和声。

知识点滴

曾侯乙编钟现藏于武汉市的湖北省博物馆内。虽然在地下埋藏了2400多年，但编钟的音质还是很好。编钟的出土令世界震惊。

曾侯乙编钟是我国古代文明的优秀结晶，它的出土填补了我国在考古学、音乐史和冶炼史上的许多空白，在国内外学术界都享有很高的声誉。

此后，随州也因此而被称为"古乐之乡"。

秦始皇陵与兵马俑

　　秦始皇陵位于陕西西安临潼的骊山脚下，陵冢高约87米，陵园布置仿秦都咸阳，分内外两城，内城周长约3.8千米，外城周长约6.2千米。是世界上规模最大、结构最奇特、内涵最丰富的帝王陵墓之一。其工程之浩大、气魄之宏伟，创历代封建统治者奢侈厚葬的先例。

　　秦始皇陵兵马俑的发现是我国最壮观的考古成就之一，充分展现了2000多年前我国人民巧夺天工的艺术才能，是中华民族的骄傲和宝贵财富，被誉为"世界第八奇迹"。

秦始皇陵气魄宏伟

　　秦始皇嬴姓，赵氏，名政，秦庄襄王之子，公元前259年出生于赵国邯郸，公元前246年13岁即立位秦王，22岁加冕亲政。

　　秦始皇是我国历史上一位杰出的政治家、军事家。他先后灭掉了韩、赵、魏、楚、燕、齐6个诸侯国，彻底结束了战国群雄割据的历史，建立了我国历史上第一个统一的、多民族、中央集权的郡县制的秦王朝。

秦始皇这位叱咤风云的旷世君主，不仅为后人留下了千秋伟业，还留有一座神秘莫测的皇家陵园。秦始皇帝陵是我国第一座皇家陵园，以其规模宏大，埋藏丰富著称于世。

秦始皇陵工程之浩大、气魄之宏伟，创历代封建统治者奢侈厚葬的先例。

秦始皇陵南依骊山的层层叠嶂之中，山林葱郁。北临逶迤曲转，似银蛇横卧的渭水之滨。高大的封冢在巍巍峰峦环抱之中与骊山浑然一体，景色优美，环境独秀。

陵墓规模宏大，气势雄伟，陵园总面积为56.25平方千米。陵上封土原高115米，后余76米。

陵园内有内外两重城垣，内城周长3840米，外城周长约6210米。内外城郭有高8米至10米的城墙，尚残留遗址。墓葬区在南，寝殿和便殿建筑群在北。

战国时期一些国君陵园的营造往往都少不了平面设计图。秦始皇陵园的营建按理也应该有平面规划图，而制图之前先要选择墓地。

骊山以它特有的温泉和风景而闻名于世。西周末年的周幽王与爱妾褒姒曾在这里演出了一场"烽火戏诸侯"的历史闹剧，从而葬送了西周王朝。

相传秦始皇生前在骊山与神女相遇，游览当中欲戏神女，神女盛怒之下，朝他脸上唾了一口，秦始皇很快就长了一身的烂疮。

虽然这是一个神话故事，但隐隐约约可以看出秦始皇与骊山似乎有些缘分。

古人把墓地的选择看作是一件造福子孙后代的大事，尤其像秦始皇这个企图传之于万世的封建帝王，自然对墓地的位置更加重视。

秦始皇之所以要安葬在骊山之侧，据北魏时期的郦道元解释：

秦始皇大兴厚葬，营建冢圹于骊戎之山，一名蓝田，其阴多金，其阳多美玉，始皇贪其美名，因而葬焉。

不过也有人认为，秦始皇陵选在骊山之阿是取决于当时的礼制。陵墓位置的确立与秦国前几代国君墓的位置不无关系。秦始皇先祖及太后的陵园葬在临漳县以西的芷阳一带，秦始皇陵园选在芷阳以东的骊山之阿是当时的礼制所决定的，因为古代帝王陵墓往往按照生前的尊卑、上下来排列的。

　　大约自春秋时代开始，各诸侯国国君相继兴起了"依山造陵"的风气。许多国君墓不是背山面河，就是面对视野开阔的平原，甚至有的国君墓干脆建在山巅之上，以显示生前的崇高地位和皇权的威严。

　　春秋时期的秦公墓也受这种观念的影响，有的"葬西山"，有的葬在陵山附近。战国时期的秦公墓依然承袭了依山造陵的典范，而秦始皇陵墓造在骊山之处也完全符合依山造陵的传统观念。它背靠骊山，面向渭水，而且这一带有着优美的自然环境。

　　整个骊山唯有临潼县东至马额这一段山脉海拔较高，山势起伏，重峦叠嶂。

　　从渭河北岸远远眺去，这段山脉左右对称，似一巨大的屏风立于始皇陵后，站在陵顶南望，这段山脉又呈弧形，陵位于骊山峰峦环抱之中，与整个骊山浑然一体。

　　在秦始皇陵的东侧，有一道人工改造的鱼池水，鱼池水原来是出自骊山东北，水由南向北流。后来修建秦始皇陵时，在陵园西南侧修筑了一条东西向的大坝，坝长1千余米，一般宽40多米，最宽处达70余米，残高2米至8米，它就是人们通常所说的五岭遗址。

正是这条大坝将原来出自骊山东北的鱼池水改为西北流，绕秦始皇陵东北而过。

可见当年温泉与西北的鱼池水相对应。由此不难发现秦始皇陵的风水特点是南面背山，东西两侧和北面形成三面环水之势。

另外，如果从高空俯瞰，自骊山到华山好像一条龙，秦始皇陵正好位于龙头眼睛的位置。我国自古就有"画龙点睛"之说，到底是古人有"高瞻远瞩"的本领，还是后人附会之风过重？

秦王朝是我国历史上辉煌的一页，秦始皇陵更集中了秦代文明的最高成就。秦始皇把他生前的荣华富贵全部带入地下。秦始皇陵地下宫殿是陵墓建筑的核心部分，位于封土堆之下。

据《史记·秦始皇本纪》记载，陵墓一直挖到地下的泉水，用铜加固基座，上面放着棺材。墓室里面放满了奇珍异宝。墓室内的要道机关装着带有利箭的弓弩，盗墓的人一靠近就会被射死。

墓室里还注满水银，象征江河湖海；墓顶镶着夜明珠，象征日月星辰；墓里用鱼油燃灯，以求长明不灭。

陵墓地宫面积约18万平方米，中心点的深度约30米。陵园以封土堆为中心，四周陪葬分布众多，内涵丰富，规模空前，除闻名遐迩的兵马俑陪葬坑、铜车马坑之外，还有大型石质铠甲坑、百戏俑坑、文官俑坑以及陪葬墓等六百余处，陪葬物多达10万件。

秦始皇陵共发现10座城门，南北城门与内垣南门在同一中轴线上。坟丘的北边是陵园的中心部分，东西北三面有墓道通向墓室，东西两侧还并列着四座建筑遗迹，可能是寝殿建筑的一部分。

秦始皇陵园分内城和外城两部分。内城呈方形，周长3.8千米左右，北墙有两门，东、西、南3面墙各有一门。外城呈矩形，周长6千余米，四角各有门址一处。内、外城之间有葬马坑、珍禽异兽坑、陶俑坑。陵外有马厩坑、人殉坑、刑徒坑、修陵人员墓葬400多个，范围广及50多平方千米。陵墓地宫中心是安放秦始皇棺椁的地方。

在陵园西侧发现青铜铸大型车马两乘，其一为高车，其二为安车。大小为真车马的二分之一。

这组彩绘铜车马，是我国发现的体形最大、装饰最华丽、结构和系驾最逼真、最完整的古代铜车马，被誉为"青铜之冠"。

秦始皇陵园除从葬坑外，还发现石料加工场遗址，建筑遗物有门砧、柱础、瓦、脊、瓦当、石水道、陶水道等。

秦陵工程设计者不仅在墓地的选择方面表现了独特的远见卓识，

而且对陵园总体布局的设计也是颇具匠心。

整个陵园由南北两个狭长的长方形城垣构成。内城中部发现一道东西向夹墙，正好将内城分为南北两部分。

高大的封冢坐落在内城的南半部，它是整个陵园的核心。陵园的地面建筑集中在封土北侧，陵园的陪葬坑都分布在封冢的东西两侧。形成了以地宫和封冢为中心，布局合理，形制规范的帝王陵园。

秦始皇陵园的地面建筑主要分布在封土北侧和封土西北的内外城垣之间。地面上的主要遗迹就是那座高大如山的封冢。

当年那长达10千米的内外夯土城垣早已残缺不全了，只有内城西墙残存的一段城墙。还有当年那一座座宏伟的地面建筑早在2000多年前就遭到项羽的焚烧，但地面建筑的废墟还没有完全被破坏。

封土北侧的地面建筑群已探明的有3处，其中靠近封土的一处建筑规模较大，形制讲究，似为陵园祭祀的寝殿。

寝殿之北还有两组规模较大建筑群也为寝殿。封土西北的内外城垣之间还发现一个地面建筑群。依据清理的房屋建筑来看为宫建筑宫建筑遗址的南北侧、西侧还有几组地面建筑，这个区域似乎也是一个建筑群。

陵园的陪葬坑与陪葬墓基本上分布在封土西侧内外城垣之间。31座珍禽异兽陪葬坑就是位于封土西侧的内外城垣之间。

还有一座大型马厩陪葬坑、61座空墓坑和一座"甲"字形陪葬墓也分布在封土西侧的内外城垣之间。

封土东侧发现了两处陪葬坑和一处陪葬墓。这些陪葬坑与陪葬墓都分布在外城垣以东。

兵马俑相邻的西边有一座"甲"字形大墓。此外，在地宫四周的墓道附近发现了一些陪葬坑。除西墓道旁的铜车铜马坑之外，其他陪葬坑的情况尚不大清楚。

知识点滴

在凝重的绿色和高大的墓冢之间，为了让游客身临其境地感受王者的尊荣、王者的威仪，秦始皇陵上演有大型的"重现的仪仗队，即秦始皇守陵部队换岗仪式"表演和集"声、光、电"于一体的秦始皇陵陵区、陵园、地宫沙盘模型展示。

从而再现了2000多年前神秘陵园的壮观场景，展示了数十年来的考古成果，生动直观地揭示秦陵奥秘，展示其丰富内涵。

2009年6月13日，秦兵马俑一号坑进行第三次正式考古发掘，引起了海内外广泛关注。

除70余件兵马俑外，目前考古已经清理出战车遗迹两乘、战马8匹、青铜镞等兵器和大量的车部件等。

秦兵马俑气势磅礴

在秦始皇陵墓的周围，环绕着那些气势磅礴、数量极多的陶俑。它们形态各异，连同它们的战马、战车和武器，成为现实主义的完美杰作，同时也保留了极高的历史价值。

兵马俑坑是秦始皇陵的陪葬坑。

3座兵马俑坑坐西向东，呈"品"字形排列，坑内有陶俑、陶马8000多件，还有5万多件青铜兵器。坑内的陶塑艺术作品是仿制的秦宿卫军。在地下坑道中的所有卫士都是面向东方放置的。

一号坑最大，长廊和11条过洞组成了整个坑，井然有序地排列成环形方阵。与真人马大小相同、排成方阵的6000多个武士俑和拖战车的陶马被放置在坑中。

坑东端有3列横排武士俑，手执弓弩类远射兵器，似为前锋部队，其后是6000个铠甲俑组成的主体部队，手执矛、戈、戟等长兵器，同35乘驷马战车在11个过洞里排列成38路纵队。

南北两翼的后卫部队，有武士俑500余件，战车6乘，驾车马24匹，还有青铜剑、吴钩、矛、箭、弩机、铜戟等实战用的青铜兵器和铁器。

一号俑坑东端有210个与人等高的陶武士俑，面部神态、服式、发型各不相同，个个栩栩如生，形态逼真，排成3列横队，每列70人。

其中，除3个领队身着铠甲外，其余均穿短褐，腿扎裹腿，线履系带，免盔束发，挽弓挎箭，手执弩机，似待命出发的前锋部队。

这支队伍阵容齐整，装备完备，威风凛凛，气壮山河，是秦始皇当年浩荡大军的艺术再现，具有强烈的艺术感染力。

在一号坑的东北约20米的地方是二号坑，它是另一个壮观的兵阵。有陶俑、陶马1300余件、战车89辆，是一个由步兵、骑兵、战车3个兵种混合编组的阵容，也是秦俑坑的精华所在，整个军阵就是秦国军队编组的缩影。

二号坑呈曲尺形方阵，坑内建筑与一号坑相同，但布阵更为复杂，兵种更为齐全，是3个坑中最为壮观的军阵。是一坐西朝东，由骑兵、步兵、弩兵和战车混合编组的大型军阵。

二号坑东、西两端各有4个斜坡门道，北边有两个斜坡门道，俑坑坐西面东，正门在东边。

二号坑大致可分为弩兵俑方阵、驷马战车方阵、车步骑兵俑混合长方阵和骑兵俑方阵4个相对独立的单元。其中将军俑、鞍马俑、跪姿射俑为首次发现。

第一单元位于俑坑东端，四周长廊有立式弩兵俑60个，阵心由八路面东的160个蹲跪式弩兵俑组成。弩兵采取阵中张阵的编列，立、跪起伏轮番射击，以弥补弩张缓慢的缺陷。

第二个单元位于俑坑的右侧，由64乘战车组成方阵。每列8乘，共有8列。车前驾有真马大小的陶马4匹。每车后一字排列兵俑3个，中为驭手拉马辔，另两个分别立于车左和车右，手持长柄兵器。

第三单元位于中部，由19辆战车、264个步兵俑和8个骑士俑组成长方形阵，共分3列。每匹马前立骑士俑一个，一手牵马缰，一手做拉弓状。每乘车后除3名车士外，还配有8个至36个步兵俑。

第四单元位于军阵左侧，108个骑士俑和180匹陶鞍马俑排成11列横队，组成长方形骑兵阵。其中第一三列为战车6辆。每匹马前，立胡服骑士俑一个，右手牵马，左手执弓。

俑坑内的108件骑兵俑是我国首次发现的数量众多的古代骑兵的形象资料。

秦俑表现的是古代军事题材，但它既没有选择两方交战、将士厮杀的战争场面，也没有选择将士修整屯兵防守的场面，而是捕捉了将士披甲，直兵列阵，严阵以待的临阵场面。

从佣坑的布局和阵法看，二号坑阵式复杂，兵种齐全，是对阵的中坚力量。这种编组方法在兵书上叫作"大阵包小阵，大营包小营，偶落钩连，折曲相对"。

《孙膑兵法》说"在骑与战者，分为三，一在于右，一在于左，易则多其车，险则多其骑，反则广其弩"，三者有机结合，才能百战不殆。二号坑是这位古代军事家的理论图解。

二号坑西边是三号坑，与二号兵马俑坑东西相对，呈凹字形。三号坑经推断是用来统帅一二号坑的军幕。门前有一乘战车，68个卫士俑以及武器都保存在坑内。

这样一种阵容，可判断一号坑为右军，二号坑为左军，充分表现了2000多年前我国人民巧夺天工的多军事和艺术才能。

三号俑坑的陶俑大部分没有头，陶马马头也同样残缺不全，甚至有的残破陶片坑内也不见踪影。由此不难看出，三号俑坑曾遭受过严重的人为破坏。

春秋战国之前的战争，指挥将领往往要身先士卒，冲锋陷阵，所以他们常常要位于卒伍之前；春秋战国时期随着战争规模的增大，作战方式的变化，指挥者的位置开始移至中军。

秦始皇兵马俑陪葬坑布局合理，结构奇特，在深5米左右的坑底，每隔3米架起一道东西向的承重墙，兵马俑排列在墙间空当的过洞中。

秦皇陵兵马俑多用陶冶结合的方法制成，先用陶模做出初胎，再覆盖一层细泥进行加工刻画加彩，有的先烧后接，有的先接再烧。

兵马俑的车兵、步兵、骑兵列成各种阵势，整体风格浑厚、健美、洗练，但每一个兵士的脸型、发型、体态、胖瘦、表情、眉毛、眼睛和年龄、神韵均有差异；陶马有的双耳竖立，有的张嘴嘶鸣，有的闭嘴静立，人和马都富有感染人的艺术魅力。

统一六国之后，秦国实行全国征兵制，兵源来自全国各地，这恐怕是他们在脸型、表情、年龄上有差别的主要原因。

秦俑大部分手执青铜兵器，有弓、弩、箭镞、铍、矛、戈、殳、剑、弯刀和钺。

青铜兵器因经过防锈处理，埋在地下2000多年，仍然光亮锋利如新，它们是当时的实战武器。

工匠们用写实的艺术手法把它们表现得十分逼真，在这个庞大的秦俑群体中包容着许多截然不同的个体，使整个群体更显得活跃、富有生气。

纵观这千百个将士俑，其雕塑艺术成就完全达到了一种艺术美的高度。无论是千百个形神兼备的官兵形象，还是那一匹匹跃跃欲试的战马塑造，都不是机械的模仿，而是着力显现它们内在的生气、情感、灵魂、风骨和精神。

秦俑的设计者为了再现2000多年前的秦军"奋击

百万，气吞山河"的磅礴气势。不仅仅在于追求单个陶俑的形体高大，而且是精心设计了一个由8000余件形体高大的俑群构成一组规模庞大的军阵体系。

右侧为一个巨大的方阵，左前方为一个大型疏阵，左后方则是指挥部。那数千名手执兵器的武士，数百匹曳车的战马，一列列、一行行，构成规模宏伟、气势磅礴的阵容。

将士们有的头挽发髻，身穿战袍，足蹬短靴，手持弓弩，似为冲锋陷阵的锐士；有的免盔束发，身穿战袍，外披铠甲，手持弓弩，背负铜镞，似为机智善射的弓箭手；有的头戴软帽，穿袍着甲，足蹬方口浅履，手持长铍，似为短兵相接的甲士。

还有身穿胡服的骑士，外着铠甲，头带软帽，足蹬短靴，一手牵马一手提弓；有头戴长冠的驭手，两臂前伸，双手握缰，技术熟练；有头戴长冠穿战袍的下级指挥官，着长甲，手执吴钩；有头戴鹖冠，身着彩色鱼鳞甲，双手扶剑，气度非凡的将军。

这栩栩如生的千百个官兵形象，尤其在神态、个性的刻画方面，显得逼真、自然而富有生气。

一般战士俑也是各有表情：有的嘴唇呶起胡角反卷，内心似聚结着怒气；有的立眉圆眼，眉间的肌肉拧成疙瘩，似有超人的大勇；有的浓眉大眼，阔口厚唇，性格憨厚纯朴；有的舒眉秀眼，头微低垂，性格文雅。有的侧目凝神，机警敏锐；有的昂首静思，有的低首若有所思，两者虽然都刻画一个"思"字，由于表现手法不同，前者给人的印象是气宇轩昂略带傲气，后者沉静文雅。

其中，骑兵在服饰装束及高度等方面都是严格模拟古代骑兵的战时形象，与步兵、车兵俑显然不同。

它们头戴圆形小帽，帽子两侧带扣系在颌下，身着紧袖、交领右衽双襟掩于胸前的上衣，下穿紧口连裆长裤，足蹬短靴，身披短而小的铠甲，肩上无披膊，手上无护手甲。衣服具有短小轻巧的特色，铠甲显得简单而灵活。骑兵俑特殊的装束也与骑兵的战术特点密切相关。

每匹战车的陶马，两耳竖立，双目圆睁，张鼻嘶鸣，跃跃欲试。一件件骑士俑，右手牵马，左手提弓，机警地立于马前，一旦令下，就将驰骋疆场。

　　除了兵马俑，秦皇陵还有两辆铜车马也令人叹为观止。

　　秦始皇陵铜车马是一种带有篷盖的豪华车，工艺之复杂，做工之精巧，技艺之卓越，都无不令人惊叹。秦陵铜车车型接近正方形，车上罩着一块类似于龟盖状的篷盖。大篷盖不仅将车体全部罩了起来，甚至连车前边的"御室"也遮盖起来，形成封闭式的车体，以便车主与驭手传递命令。

　　其中二号铜车属于轿、车组合类型，车主既可以坐乘，也可以卧息。如果躺在这样宽敞、舒适、豪华的车体内，完全可以享受到一种软卧车的舒服感，即使远行千里也可以消除长途颠簸的疲劳。

　　二号车车内设备更富有特色，在车体底部发现一块方形大铜板，其大小几乎与车体底尺寸相当，铜板表面彩绘着各种鲜艳的几何形图案花纹，下面四角和中部有8个铜支钉支撑。

　　这块彩绘大铜板无疑就是古车上的"文茵"，类似于一种软垫制品。如果车中铺设双重文茵，一定更加平稳而舒适。

　　同时，二号铜车马总共由3462个铸件组成，其中有铜铸件、金铸件、银铸件。总重量达1241千克，其中金铸件3000多克，银铸件4000多克。

　　由此推测，一号铜车马铸件的数量也不会相差太远，那么两乘车加起来不少于5000多个零部件。尤其令人拍手叫绝的是，这5000多个零部件无论是大至两平方米以上的篷盖、伞盖及车舆、铜马、铜俑等，还是不足0.2平方米的小攸勒管都是一次铸造成型。

　　就拿篷盖与伞盖的铸造来说，它不仅面积大，而且薄厚不一，再加上篷盖、伞盖，都有一定的弧度。这样难度大的篷盖、伞盖能一次性浇铸成功，在2000多年前的秦代几乎让人难以置信。

　　8匹铜马、两个御官俑的铸造都达到了惟妙惟肖的程度，无论是整体造型，还是神态、性格、气质的刻画都可以与秦俑坑那雕塑最好的将军俑相媲美。

铜马、铜俑铸造如此精准，以6形神兼备实为罕见。比如铜马的笼头，它是由82节小金管和78节小银管连接起来，一节金管与一节银管以子母卯形式相连接，其精细和灵活程度令人叹为观止。

令人感到惊奇的是那马脖子下悬挂的缨络，这些缨络全是采用一根根细如发丝的铜丝制作的，而且铜丝表面无锻打痕迹，粗细均匀，表明很可能是用拔丝法制成。

尤其是以铜丝组成的链环，是由铜丝两端对接焊成，对接面合缝严密。如此纤细的铜丝到底是用什么方法制作，采取什么样的工艺焊接的呢?

我国古代人民的智慧不可低估，而兵马俑更是全世界的一个奇迹，它让外国人赞叹，让中国人骄傲!

知识点滴

1974年，陕西省临潼县杨村村民们为了抗旱，在村南柿树林旁打井，挖到5米多深的时候，竟然发现了一个陶制的人头雕塑像。

正好一位干部来检查打井进度，见到这个情景，他急忙把这消息报告给县文化馆。经过文物部门几年的勘查和发掘，气势非凡的秦始皇陵兵马俑终于展示在世人面前。

兵马俑的发现被誉为"20世纪考古史上的伟大发现之一"。秦俑的写实手法作为我国雕塑史上的承前启后艺术为世界瞩目。现已在一二三号坑成立了秦始皇陵兵马俑博物馆，对外开放。

马王堆汉墓与遗物

　　马王堆汉墓位于湖南长沙芙蓉区马王堆，在长沙东郊浏阳河西岸、长浏公路北侧。出土各类文物数千件，因为保存完好，被誉为中华民族的地下文化宝库，东方的"庞培城"。

　　马王堆汉墓的出土文物，为研究汉初经济和科学技术的发展，以及当时的历史、文化和社会生活等方面，提供了实物资料，使它成为当之无愧的国之瑰宝。其中古尸素有"东方睡美人"之称，受到科技界的广泛关注，被认为是"创造了世界尸体保存记录中的奇迹"。

马王堆汉墓主人的真相

马王堆汉墓位于长沙市芙蓉区马王堆乡，在长沙东郊浏阳河西岸、长浏公路北侧。

马王堆乡有一处特别的地方，那里是方圆250米的土丘，土丘的中部，残留着两个高16米的土冢，这就是通常所指的"马王堆"。

这方土丘的两个土冢大小相似，中间连接，形状非常像一个马

鞍，人们就叫"马鞍堆"。而长沙话
的"鞍"和"王"的读音相似，也不知到
了哪个朝代，人们念走了音，"马鞍
堆"就变成了"马王堆"。

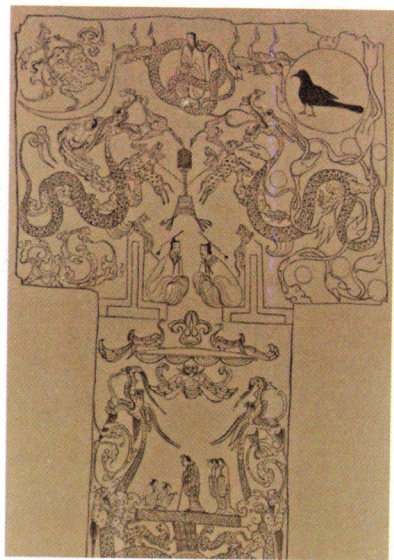

在这两个土冢中，东边的是一号墓
的封土堆；西边的是二号墓的封土堆。
三号墓的封土堆几乎全被一号墓的封土
所覆盖，外表上很少露出痕迹。

马王堆周围是平坦的田地，浏阳河
从它的东面转向西北蜿蜒流过，河的
东面和北面是连绵的低矮山丘。马王堆的西面不远处，是注入浏阳河
的一个不大的湖泊。千百年来，马王堆就在这样一个环境里，静静地
沉睡着。

有人说，"马王堆"的名称与五代十国时期的楚王马殷有关。

923年，后唐取代后梁，马殷被册封为楚王，以长沙为统治中心，
管辖湖南全省、江西西部、贵州东部和湖北南部地区。930年，马殷去
世，其子马希范继位。至北宋，楚国灭亡，马殷家族统治湖南达数十
年之久。

在长沙保留着不少关于马王的古迹，如会春园、九龙殿、马王街
等，而马王堆也被认为是其中之一。

在楚王马殷家族消失数百年后，清人认为马殷及其家族死后葬于
马王堆。也有说此处是马殷父子的疑冢，即假坟，所以没有称为陵，
而是称作堆。

除了这种说法之外，还有人认为"马王堆"是由西汉时期长沙定

王刘发的母亲程、唐二姬的"双女坟"而得名的。

长沙王刘发的母亲唐姬，原是汉景帝的宠妃程姬的侍女。有一天，汉景帝传唤程姬侍寝，但程姬身体不舒服，然而皇上的旨意不可违抗，程姬便想出一个办法，从她的侍女中挑选了与自己身高相当、容貌相似的唐儿，与景帝同房。

那晚景帝宴罢归房，醉眼蒙眬，在昏黄的灯光下未及细看，就与唐儿同床共寝。唐儿因此怀上龙种，为景帝生了个儿子，便取名为刘发。

后来景帝知道了实情，因为刘发是侍女所生，身份低微，所以在他长大成人后，景帝便将他封为人口1.5万户的长沙王（死后谥号定王），并让其远离长安。

刘发也知道自己的身世，虽远在长沙，却十分思念两位母亲。于是，他就派人在长沙城内筑起一座土台（即后来的定王台），时常登高远眺长安城，表达对两位母亲的思念。

在唐、程二姬相继去世后，刘发将她们的尸体由长安运至长沙，安葬在城东外的土堆中，并在土堆上竖立起一根高大的旗杆，杆上吊挂一个大红灯笼。每当刘发站在定王台上远眺大红灯笼时，就仿佛看见了自己的两位母亲。

北宋《太平寰宇记》也记载说，这里是西汉长沙定王刘发埋葬他母亲的"双女冢"。根据史料所记载，刘发两位母亲的埋葬地点与马王堆的位置十分吻合，况且在时间上也颇为吻合，所以刘发母亲的墓葬似乎是唯一合理的解释。

但后来发现，在看似只有两个墓冢的土丘下，居然有3座墓穴，而且3座墓葬的时间相距20多年。其中，在二号墓发现了"长沙丞相""轪侯之印"和"利苍"3枚印章，表明该墓的墓主是轪侯利苍。

一号墓中有一具年约50岁的女性尸体，墓内出现了刻有"妾辛追"3个字的骨质印章，说明墓主应是利苍的妻子。另外，三号墓里的遗骸应该是30多岁的男性，所以可能是利苍的儿子。

据《史记》和《汉书》记载，长沙国丞相利苍于汉惠帝二年去世，而长沙正是汉代长沙国首府临湘县所在地。通过历史记载、文物鉴定以及其他因素的综合考虑，尤其是墓中的漆器款识、封泥、印章等各种对象给人们提供的有力证据，于是最终断定一号墓墓主为利苍之妻，二号墓墓主为利苍本人，三号墓墓主为利苍之子。

一号墓墓主名字叫辛追，是利苍的妻子，比利苍要年轻很多，利苍去世的时候，她才30岁左右，美貌非凡，富贵优雅。

长沙国丞相利苍生于战国末年，逝世于公元前186年。他早年参加秦末农民起义和楚汉之争。汉初任长沙国丞相，被封为轪侯，食邑七百户。"轪"便是利苍的食邑，封地在河南省罗山县和光山县之间，也有的说在湖北省浠水县兰溪镇。

三号墓墓主利豨是利苍和辛追的儿子，利苍去世后继承了封号，成为第二代轪侯。利豨的儿子第三代轪侯离开了长沙到首都长安做官。之后，利豨的孙子第四代轪侯任过武官，因为擅自调兵而被判处死刑，受到赦免才保住了一条性命，不得不回到原籍成为平民。于是，利家的侯爵再也没有了。

知识点滴

早在1951年，长沙地区进行大规模考古挖掘时，年轻的夏鼐就对中国科学院考古所所长王仲殊十分肯定地说："这不是五代马殷父子的墓，而是一座汉墓，可能属于西汉早期，马王堆名不副实。"

可是，墓里面的主人到底是谁呢？

正当人们疑虑重重的时候，汉墓发掘工作结束，一切疑虑和猜测烟消云散，墓主人的神秘面纱终于被揭开了。

马王堆汉墓形制独特

马王堆汉墓是西汉初年的墓葬，它的墓葬形制也有着独特的风格和样式。

马王堆共有3座汉墓，由于是同一时期身份相关的人的墓葬，所以墓坑的形式基本相同，都是北侧有墓道的长方形竖穴。坑口的平面接近方形，口下有多级台阶，随着墓坑逐渐向下，台阶逐级缩小。

3座墓的墓坑，从整体上看，没有多少差别，但具体说来，仍有些许的差异。其中一号墓的墓坑最大、最深。

下面有4层台阶，逐渐向下，台阶底端就是斗形坑壁。

另外两座墓的规模相对于一号墓来说，规模略小，墓坑较浅，墓壁只有3层台阶。二号墓墓底南北长7.25米，东西宽5.95米；三号墓墓底长5.8米，宽5.05米。

我国古代的丧葬有棺椁制，人们可以通过棺椁看出死者的身份和等级。

一号墓的棺椁共有4层，它们采取扣接、套榫和栓钉接合等方法制作而成。椁室用厚重的松木大板构筑。

下置垫木和两层底板，再竖立4块壁板和4块隔板，便形成居中的棺房和四周的边厢。然后，在上部覆盖顶板和两层盖板。

4层套棺用落叶乔木板制作，内壁均涂朱漆，外表则各不相同。

第一层的黑漆素棺体积最大，通体涂满黑色的漆，没有其他装饰；第二层为黑地彩绘棺，饰有复杂多变的云气纹及形态各异的神怪和禽兽；第三层为朱地彩绘棺，饰有龙、虎、朱雀和仙人等瑞兽图案；第四层为直接殓尸的锦饰内棺，盖棺后先横加两道帛束，再贴满以铺绒绣锦为边饰的羽毛贴画锦。

三号墓的棺椁和一号墓的棺椁差不多，但是少了一层套棺，椁室南边的边厢又多了一根纵梁。在3层套棺中，外棺和中棺的表面均涂棕黑色素漆，未加其他装饰。内棺则在加帛束之后，贴满了以绒圈锦为边饰的绣品。

二号墓从残存的痕迹看来，结构与一号墓和三号墓有所不同，椁内只有两层棺。

朱地彩绘棺是马王堆一号墓4层木棺中的第三层。通体内外髹朱漆。棺表面的朱漆底上，又施用青绿、粉褐、藕褐、赤褐、黄白等明亮的颜色，彩绘龙、虎、朱雀、鹿和仙人等祥瑞图案。

盖板上绘有对称的二龙二虎图案。两条龙的龙头相向，居于画面中上方，龙身各自向两侧盘绕，龙尾伸至左右两下角；二虎背于二龙之间，分别攀在龙首的下面，口啮龙身。

龙为粉褐色，用赭色勾边，身披鳞甲而有三角弧形斑纹，斑纹内填以绿色；虎为赤褐色，形象写实，尾部加饰流云。

盖板的周缘，饰赭黄色勾连雷纹。头顶绘一座高山，山做等腰三角形，处于画面的中央。山的两侧各有一只鹿，腾跃貌，周围饰以云气纹。

足画面为双龙穿璧图案。白色的古璧居于画面中央，有两条藕色绶带将其自上而下拴系，绶带的末端分列在画面的下侧。

两条蜷曲的龙穿璧而过，龙首相向于璧上方的绶带两侧，龙身为粉褐色，披鳞甲而有凤羽，巨目利牙，虎爪蛇尾，双角较小。龙的旁边加饰以藕白色的云气纹。

左侧的周边饰菱形云纹，正中绘一座赤色的山。山的两侧各有一粉褐色龙，龙首相向于山的上方，龙身均呈现出波浪起伏的样子。

左侧龙首之后，有一只赤褐色虎，虎身向左，张口回首，其旁加饰云纹。龙尾之前，有一只带有云形花斑的藕褐色鹿。鹿首向左，两角粗壮，四足跷起。

右侧龙首后有一只朱雀，展翅欲飞貌。龙尾之前，有一粉褐色的仙人，头发斑白，两手攀着龙身。右侧面的边纹也为菱形云纹，画面为繁复的勾连云纹。

朱地彩绘棺上的龙、虎、朱雀和鹿，都是我国古代所谓的瑞兽，称为"四神"或"四灵"。左侧面上所绘的高山，应该不是一般的山，而是仙山。整个棺材的画面给人以神秘的感觉。

黑地彩绘棺是一号墓棺椁中4层木棺中的第二层。棺内涂朱漆，右侧板内壁中上部的朱漆面上，有黑漆勾出的奔马和人，笔画草率，勉强成形。棺的表面，以黑漆为地，彩绘了复杂多变的云气纹，以及穿插其间、形态生动的许多禽兽。

黑地彩绘棺上的花纹，除盖板四侧边缘满饰带状卷云纹外，五面的四周都有宽0.15米以流云纹为中心的带状图案。

在画面上出现最多是一种面部似羊非羊，似虎非虎，头竖长角，兽身有尾的怪物。这种怪物，口中衔着蛇，四肢又像猿，手足不分。

黑地彩绘棺上所绘的100幅图画中，有怪神、怪兽、仙人、鸾鸟、鹤、豹、牛、鹿以及蛇等10余种形象。这些神怪和禽兽形态各不相同，描绘得栩栩如生、变化多端，在云气间安排得十分得体，富有浓厚的浪漫主义色彩，表现了作者丰富的想象和熟练的技法，是研究当时绘画艺术的重要材料。

知识点滴

对于马王堆汉墓的发掘，周恩来、李先念等党和国家领导人都曾批示，直接指导发掘，仅周恩来的批示就达5次之多。

1972年初，马王堆出土千年不朽女尸的消息传开后，各方群众争相要求参观。每天数万人涌入博物馆，许多外地群众也赶来长沙参观。

这个情况经由新华社记者反映给了国务院。因病住院的周恩来，看到报告后批示：出土尸身和衣着、帛文还有其他文物非变质不可……必须立即采取办法，将尸身转到冰窖，消毒、防腐，加以化工处理。这是可以向群众说得通的，非当机立断不可。

接到周恩来的指示后，湖南省博物馆就将尸体深夜转移到了湖南医学院。

随葬物品珍贵而繁多

马王堆汉墓中的随葬品，种类之杂，数量之多，让人眼花缭乱，惊叹不已。

随葬物清单遣策竹简发现于东"边箱"，堆放在重叠的漆器上面，因编缀的绳索已经腐朽以致散乱。

竹简共312枚，是用细竹劈开来制成的，颜色是黄褐色，背面的竹皮大多为绿色。从残余的绳子痕迹来判断，竹简是书写后再用细麻绳分为上下两道将竹简顺序组编成册。

简上文字为墨书隶体，墨迹清晰，字体秀美。

竹简上的文字大多数可以辨识，是一册

随葬物品清单，就是所谓的"遣策"，总有722枚，其中一号墓312枚，三号墓410枚，内容均为逐件记录随葬物品的名称、数量和各种物品的分类小计。

马王堆遣策是同类竹简中最完整的两批。

一号墓的遣策所列器物清单的大概情况是这样的：用漆木制成的九鼎、七鼎和三鼎、二鼎盛放的各种羹，用竹笥盛放的肉食品，用陶器盛放的酱和酒，用布囊盛放的粮食，以及漆木器具、梳妆用品、丝织衣物、乐器、扇、席和土质、木质的东西。

三号墓中的遣策竹简，除大部分内容与一号墓相同外，还记载有骑从、乐舞、童仆等侍从，包括所持仪仗、兵器和乐器等物，这些都能同出土的木俑及棺房两壁的帛画大体对照起来。

马王堆汉墓中还发现有精美的彩绘帛画。帛画是我国古代的一个画种，因画在帛上而得名。帛是一种白色的丝织品，古人常用笔墨和色彩在上面描绘人物、走兽、飞鸟及神灵、异兽等形象。

马王堆汉墓共发现5幅帛画，其中一号墓一幅，三号墓4幅。这些帛画都是彩绘，保存得十分完整，它们大多色彩鲜艳，形象生动，是不可多得的艺术珍品。

一号墓的帛画为"T"字形。其画面完整，形象清晰，自上而下分段描绘天上、人间和地下的景象。

三号墓出土的一幅帛画与一号墓中那幅帛画的尺寸、形制、内容都相近。这两幅帛画以有序的层次，展示了汉初人们观念中的宇宙图景。取自远古神话的大量形象和按照现实描绘的人与物，构成天、地、人相沟通的境界。

在三号墓棺室西壁的一幅帛画长2.12米，宽0.94米，描绘了盛大的车马仪仗场面。有人认为这幅画描绘的是誓社、耕祠场面，也有人根据所绘的大都是武卒、车骑，认为描绘的是接受墓主检阅的仪仗。

三号墓的另一幅帛画为导引图。以红、蓝、棕、黑等颜色描绘男男女女做健身运动，共有4排44人的形象。这些人有男有女，有老有少，他们有的着长袍，有的穿短裙短裤，还有的裸露着上身。

运动的类型有伸展、屈膝、转体、跳跃等肢体运动，也有使用棍棒、沙袋、球类的器械运动，还有模仿熊、鹤、鸟等各种动物姿势的运动。

根据人物动作与旁边的题字，可知是一幅关于运动的画作，定名为《导引图》。

马王堆汉墓的随葬品中还有纺织品和衣物200余种。其中包括了汉代丝绸品种的大部分，如平纹组织的绢、缣、纱，绞经组织的素罗和花罗，斜纹组织的绮、锦、绒圈锦，袋状组织的绦带以及彩绘印花纱，还有大麻和苎麻制成的粗细麻布等。

在三号墓东边箱子的长方形漆盒中，发现有大批的帛书。这些帛书是唯一可以和千年女尸媲美的东西。帛书又名缯书，它以白色丝帛为书写材料，其起源可以追溯到春秋时期。

马王堆汉墓的帛书共有28种，12万字，破损比较严重。帛书一般都是把帛横摊着从右端开始直行写下去。有的先用墨或朱砂画好上下栏，再用朱砂画出直行格，此即为后代的"朱丝栏"。帛书有长有短。短的，一段帛上只写一种书或画一幅图；长的，写完一种书或画了一幅图后，并不剪断，而是另起一行接着书写或画另外的画。

帛书的体例不一，有的在第一行顶上涂一黑色小方块做标记，表示书从这里开始；有的则没有画行首的标记。有些书是通篇连抄，不分章节；有些用墨点记号分章；有些则提行另起章节。大部分帛书都没有书名。有标题的，一般都写在文章末尾。

自从秦代统一文字，规定小篆作为全国标准字体之后，还规定隶书作为日用文字，通行全国。

整个帛书上的文字代表了这一时期字体的全貌。除了字体之外，另一个特点就是假借字多，简化字多，这些情况进一步表明，在秦统一全国文字后，西汉初年我国文字又处在一个新的发展过程中。

从这批帛书的内容看，只有少数几种流传下来，而大部分是久已失传的佚书。书的内容以古代哲学思想、历史为主，也有相当一部分是当时自然科学方面的著作，还有各种杂书。

依《汉书·艺文志》分类，在这些马王堆汉墓的帛书之中，六艺类的有《周易》《丧服图》《春秋事语》和《战国纵横家书》。

诸子类的有《老子》甲本、《老子》乙本、《九主图》《黄帝书》。其中，甲、乙本《老子》为所见最古的本子。

兵书类的有《刑德》甲、乙、丙三种。

数术类的有《篆书阴阳五行》《隶书阴阳五行》《五星占》《天文气象杂占》《出行占》《木人占》《符箓》《神图》《筑城图》《园寝图》和《相马经》。其中《五星占》是我国现存最早的天文书。

方术类的有《五十二病方》《胎产图》《养生图》《杂疗方》《导引图》，其中《五十二病方》是我国已发现的最古老的医书。另外，还有《长沙国南部地形图》《驻军图》《城邑图》3幅地图。

同时，马王堆汉墓还发现有瑟、竽、笛、琴、竽律5种乐器。另外还有和木俑附在一起的模型乐器钟、磬、筑3种。此外，在三号墓的遣策中，记载了不少歌舞、乐器的名称，如"楚歌者""河间舞者""郑舞者""建鼓""大鼓""钟磬""郑竽瑟""河间瑟"等。

从中，一方面能了解轪侯家轻歌曼舞的奢侈生活，另一方面也能增进我们对汉代音乐文化发展水平的了解。

其中一件黑漆二十五弦琴有25根弦，是一张木质的弦乐器。它的瑟面成拱形，中间是空的，下面嵌有底板。首尾髹黑漆，其余光素。

底板两端有首岳和尾岳。首岳一条，右边有25个弦孔；尾部有内、中、外3条尾岳，内外岳左边各有9个弦孔，中尾岳左边有7个弦孔。尾端有4个系弦的木枘，枘端为银制，饰涡纹。

弦由4股丝左旋搓成，中岳上的弦较粗，内、外岳上的弦较细。每条弦下有拱形木柱。

另一件黑漆七弦琴，是木质的弦乐器。它通体黑漆，头宽尾窄，面圆底平，面底可以分开。面板木质松软，似为桐木，底板木质坚硬。面底各有一个"T"形槽，合起来形成共鸣箱。

马王堆一号墓有漆器184件，三号墓有316件，合在一起正好是500件。这样大量的漆器出土，在我国是第一次。

这些漆器种类繁多，有盛装食物的鼎、奁、盘；有装酒或盛肉羹的锺、壶、钫；有喝酒或喝汤的耳杯、卮杯；有舀取食物的勺、匕；有盥洗用的盆、匜和沐盘；有盛托餐具的平盘和案；有放置各色各样梳理和化妆用具的多子奁盒；有娱乐用的博具；有日常生活用具和摆设如屏风和几等。

各式器形达20种以上，其中漆耳杯占漆器总数的一半以上，堪称是汉代漆器的杰作。

漆器大部分是木胎，只有少数奁和卮是夹胎。装饰花纹多为漆绘的红、黑和灰绿等色。纹样则以几何纹为主，龙凤纹和草纹为辅。

一些漆器书有"侯家""君幸酒""君幸食"字样，还有的注明器物容量。说明这些器具是由成都官府作坊制造的。它们制作精致，纹饰华丽。

马王堆汉墓随葬的土笥共48件，多数在西边厢，东边厢和南边厢内也有一些。

根据笥内遗物和木签上所记载，笥内随葬品大概可以分为丝织品、食品、草药类、明器等。

丝织品有六笥，其中衣笥二，缯笥二，另有二笥装香囊、鞋及丝织物碎片；食品是笥内随葬品中的主要部分，达到37笥；草药类有一笥，可辨识的有木贼、花椒、桂皮等；明器类有4笥，共计有泥珠一袋，木象牙8件，木犀角13件，木璧23件。

马王堆汉墓中还发现有一些制作精美、形象逼真的木俑。其中一号墓有100多件，三号墓有30多件，它们分大型和小型两种，大型木俑出于东、南、北边厢，小型木俑出于中棺和内棺之间的隙缝中。

小型木俑除了3件着丝麻衣的以外，皆以小树枝劈削，墨绘眉目而成，以麻绳编结为两组。大型木俑分立俑和坐俑。

大木俑有的着衣，有的彩绘、服饰、发髻略有区别，着衣俑的服装有罗袍、绣花袍和泥银彩绘袍等，衣袖内系用细竹条支撑。

马王堆出土的木俑大多都制作精美，形象逼真，其中以女性木俑最引人注目。一号汉墓中有一件女舞俑，舞俑腿部微曲，好像正在蹈足起舞。舞俑体态袅娜，有曲线美；舞姿轻盈，有动感美；奋袖蹈足，有造型美。制作木俑的艺术家，仿佛赋予了舞俑生命似的，让她在人们面前轻歌曼舞。

在众多木俑中，其中有一组木俑显得格外引人注目，它们由5位乐师组成。其中两位乐师站在地上，手中拿着吹奏乐器，其余3位乐师跪在地上，用来弹奏的乐器置于地面，摆放在身前。

在乐队俑的对面，放置漆几、屏风、手杖、绣枕、香囊、奁盒以及满盛食物的漆案，这种搭配与设置，当为模拟墓主人生前歌舞宴饮的场面。

知识点滴

长沙是历史悠久的古老城市，早在春秋战国时代，长沙的冶铸业、纺织业、漆器业就比较发达。

秦末汉初，中原地区由于农民大起义中遭到反动军队的残酷杀掠，以及楚、汉之间的连年战争，造成了社会经济的严重破坏；而长沙地区受影响较小，经济恢复也就较快。

西汉时期，这里一直是长沙国所在地，地方经济取得较大的发展。马王堆汉墓的营造及其出土文物，在一定程度上反映了这个问题。

高贵的丝织品、精美的漆器的大量出土，不论就数量、品种、花纹来说，都是我国考古发掘工作中一次空前重要的发现，特别是覆盖在内棺上的彩绘帛画，更有重大的价值。

此外，保存完整的管弦乐器，也是十分难得的。它们为研究我国汉代的纺织业、漆器业、服饰制度以及绘画艺术和古代音乐，提供了十分可贵的实物资料。

六大考古发现

　　我国有最著名的"十大考古发现"，现介绍其中6处：内蒙古红山文化的"坛""庙""冢"和大量精美玉器，具有丰富的历史内涵；妇好墓让我们感受到以文字、青铜器等为代表的灿烂殷商文明；赵卿墓是大型春秋晚期墓葬和一座大型车马坑，是我国考古重要收获之一；中山国王墓是战国中山国墓葬中最大一座，具有大量精美文物；南越王墓的金印，最为珍贵，是我国最辉煌的考古发现之一；法门寺地宫是世界上发现规模最大的佛塔地宫。

祭祀遗珍红山坛庙冢

红山文化发现于内蒙古自治区翁牛特旗三星他拉乡，红山文化令人瞩目之处，一个是它独具特色的"坛""庙""冢"；另一个则是出现在墓冢中大量的精美玉器。

"冢"指的是积石冢，顾名思义就是在墓冢上堆积石头。这种墓葬形式，在辽宁省被广泛发现。但那些发现大多属于新石器时代晚期或青铜时代，距今4000年。红山文化的积石冢，时代最早而规模也超乎寻常，结构复杂却又极规范，可谓一绝。

冢的位置一般都选择在高

度适中的岗丘的顶部，一般是一个岗一冢，有时候也会一岗多冢。一个积石冢内一般有多个墓葬，墓葬的建造是用石板和石块砌筑石棺。大型的石棺建筑在土坑内，小的则没有土坑，这些石棺墓一般都成行地排列。

随葬品中数量最多的是玉器，种类齐全，选料精良。墓上先堆土后积石，冢顶部的积石似乎没有什么规律，而冢的周边部分则垒砌讲究。

冢的形状一般被砌为正方形、长方形或圆形。特殊的是，这些墓内一般只随葬有玉器，没有其他随葬品。陶器大多摆在冢上，是一种红色的筒形陶器，很厚，腹部一面绘有黑色彩绘。特殊之处是这些陶器都没有底部，然后它们被成排地竖立放置在冢周围的一圈台阶上。

由于这种现象十分奇特，有人觉得这些陶器是和墓葬祭祀有关的陶鼓；而比较权威认识是从力学角度分析得出的，认为它们起到保护的作用。

"坛"即祭坛，坛与冢有着非常密切的关系，可分为三种类型：

第一种就是以冢为坛，因为这些积石冢本身规模宏大，冢顶一般宽敞而又平坦，形状有方有圆，因此本身就具备祭坛的功能。在我国史前时期，这种祭坛与墓地在一起的形式并不少见，同具盛名的良渚文化中就有类似情况。

第二种是在积石冢周围，特别是冢的南部，可能这是冢的前面，经常发现大片的红烧土堆积，应该是附设于冢的祭祀遗迹。

第三种是已经独立出来的、有一定规模的祭坛。积石冢一般选用白色石灰岩作为原料，这种独立于冢的遗迹则用了红色的花岗岩石料。不同于冢内石块平砌的做法，这些石料被竖立放置，类似"石栅栏"，并有三重圆圈层层叠砌。这一祭坛位置也在诸冢的中心，显示出它特殊的地位。

在史前墓葬中，一般以一个墓地墓葬规模大小来区分等级高低和社会的分化程度。但是这种方法在红山文化中不再适用，因为红山文化的埋葬完全以冢为单位，独立性很强每个冢或每群冢都独占山头。

冢内中心大墓明显具有"冢主"的地位，突出"一人独尊"的特点。《礼记·檀弓上》讲古代"墓而不坟"，但是红山文化发达的积石冢上的建筑，却十分突出墓葬的位置与主人至高的身份地位。以大墓为中心形成的高耸而又宏大的冢丘，如后来的王陵，称其为"山陵"并不为过。

红山文化晚期积石冢中出现的一冢多墓和二次拣骨葬现象，对于宗庙的形成有一定的影响。红山文化晚期社会是一个具有多层结构、规模庞大的社会政治实体。当数量众多的本来是彼此分散、相互隔绝的部落或部落联盟在某种动力的驱使下，通过和平的或战争的方式，被纳入一个新的、统一的群体之后，支配这个群体的最高首脑人物和被接纳的统一祖神便应运而生。

《释名·释宫庙》载："庙，貌也。先祖形貌所在也。"又，《说文》载："庙，尊先祖之貌。"可知庙的本义是指尊奉祖先神主的地方。而众神济济的女神庙就正是这样的地方。庙与坛、冢一起，三位一体形成了红山人独特的世界观。如果说坛和冢关注的是生命的主题，那么庙关注的是神的世界。

辽宁省喀左东山嘴遗址发现了一批陶塑人像，与小型孕妇像共出的，还有一种盘腿正坐、两臂相交的中型的陶塑像，一般认为，这类塑像不会是露天置于坛顶的，应该有"神居之所"。

这种猜测在辽河建平红山文化牛河梁女神庙遗址中得以证实。但是女神庙保存的完好程度、内容的丰富多彩，仍然出人意料，尤其是女神像的逼真和巨大，远远超出了人们的想象。

女神庙是整个建筑群中保存较好的一座主体建筑。庙为土木结构，完全不用石料，这和大量石灰岩构成的积石冢形成了强烈的反差，也表现出红山人精神世界中的两个不同侧面。

庙从平面上看，是个窄长形状，南部一端有圆形的主室，两侧各有一圆形的侧室，北部则是一个长方形房间。从炭化木痕分析，地面上原来立有木柱，柱子的内侧贴上草茎类植物，再涂抹草拌泥，形成墙体。墙面为多层，层层黏合而成，墙上有壁画装饰，有红白两色的几何形回字图案。庙内堆满了遗物，除了坍塌的墙面和屋顶残块以外，就是大量的人物、动物塑像和陶质的祭祀用器。

泥塑动物大多残损，能够辨识出来的有龙形和鸟形两种。能辨鸟形的其实只是一对鸟爪，指节分明，爪尖锋利，造型十分生动，看来是一种大型的猛禽。

人物塑像是庙内的主要遗物。它们大部分是由较粗的泥土为胎捏制的，在外表涂抹细泥质，再打磨光滑而成，有的表面还涂朱或有彩绘。可以看出形状的残件大约有眼球、手部、上臂、肩部、腿部等，表现出明显的女性特征。

女神庙内最重要的是一尊基本完整的女神头像，平放在圆形主室的一侧，除了下唇、左耳略有残缺以外，整个脸部非常完整。女神头像的泥塑原料是黄色土，掺杂了草茎类物，未经过烧制。泥胎的质地较粗，捏塑的各个部位则是细泥，外表经过打磨，表面略呈鲜红色，唇部涂朱。

头像看来具有典型蒙古人种的特征，鼻梁低矮、圆鼻头、无鼻钩、方圆形扁脸、颧骨突出，两眼斜立。尖圆的下颌、圆润的面部和小而纤细的耳部，又具女性的特征。

头像的塑造十分传神，嘴角微微上翘，似乎要开口诉说什么；眼球的处理更为精妙，在凹陷的眼眶内，嵌入两个圆形玉片，真有"画人点睛"的效果，眼神一下子就显得炯炯有光。虽然只余头部，却可由此想见一个富于生命力的女神形象。

从女神庙的遗物可以看出，红山人有着女神崇拜的思想。在古代，女神象征生命的繁衍和大地的收获。作为一个民族生命力延续的象征，在世界各地各原始部族中受到广泛的崇拜。但在我国早期文化中，这种崇拜的证据却不多见。

红山文化女神庙的发现，证明我国原始信仰中女神崇拜所占的重要地位。一尊主神的结构和积石冢内一墓独尊的等级相对应，既反映了当时的信仰体系，也反映了当时的社会结构。《尔雅·释宫》定义说"室有东西厢曰庙"，这和女神庙的实际平面布局相对应，因此，可以将女神庙视为我国宗庙建筑的雏形。

红山文化颇具盛名的另一方面，是它发达的琢玉工艺。红山文化的玉器主要有动物形玉器、勾云形玉佩和其他装饰玉件几类。

以玉猪龙为代表的动物形玉器，还包括了龟和鸟两类，这些是红山玉器中内容丰富、制作技术很高的一类器物。不少器物背面有穿孔，从分布情况看，它们有特殊的功用，绝对不会是一般的装饰物件。比如玉龟就常常是成对出土，分握于墓主人的两手，可能具有某种神性的象征。

勾云形玉佩也是红山文化玉器中最常见、又具文化特征的一个品类。它的造型和纹饰富于变化，但又万变不离其宗，似鸟非鸟，似兽非兽。有趣的是，这类玉佩背面都有孔，但却是竖立放置，而且有孔的一面冲上。因此，它可能不是简单的缀在衣物上，而是单独存在，另有用途，可能是墓主人入土时手握权杖一类的端部。

红山文化治玉的技术比较先进，制作颇费人工。一般将玉材切割成大致外形，然后通过再加工，将边缘部分磨得圆钝光滑，平面也加工出适度的弧面来，在钻孔后的孔边缘部分也要加工。

在装饰艺术方面，红山人掌握了以简胜繁的要领。他们对玉器表面的刻画十分慎重，要表现动物形象时，总是只有在必要的头部、羽翅位置适度刻画，然后是通体磨光，没有一点额外的功夫。

红山文化玉器最具特色的装饰技法，是在玉器表面一般会磨出很浅、但宽窄深浅十分均匀，并随器物形态变化的浅勾纹。这种技法的难度大大高于一般的切割、刻画、钻孔和打磨，却使玉器温润的特质得到了最大的发挥。由于红山文化玉器从器形到制作技法方面这种种特点，使其在同时代史前文化中成为佼佼者。"红山玉"也成了古代器物中的精品。

红山文化对玉器的情有独钟，反映的是更高层次的"玉葬之礼"，在这里，玉不仅仅是地位的象征，更可能被赋予了道德、价值的观念。将玉作为"德"的载体，在我国的传统审美意识中，有一个漫长的发展过程，早在5000年之前的红山文化中，这种传统却已得到很好的发挥。

充满神秘气息的玉器，"唯玉独尊"的埋葬制度和恢宏真实的女神崇拜，构成了这个有5000年历史的北方原始文化的立体形象。由于它处于长城南北交会的独特位置，它的辉煌成就便更为发人深省。毫无疑问，红山文化将是中华文明起源历程中一个精彩的前奏。

1981年，牛河梁遗址在文物普查中被发现。

两年以后，这个地点的发掘彻底改变了红山文化在我国乃至世界史前文明史中的位置。

大量的积石冢被发现了，更重要的是女神庙的发现，随葬的神秘而又精致的玉器的大量出土。这项工作立即引起了国内考古界的高度重视。该遗址迅速被定为国家级的重点文物保护单位，并且划定了50平方千米的巨大的保护范围。

从此以后，有条不紊的发掘和不断深入的研究，使红山文化成为中华文明起源中的一出重头戏。

知识点滴

地下瑰宝殷墟妇好墓

　　妇好墓是河南省安阳市殷墟遗址中唯一保存完整的商代王室墓葬，在殷墟小屯村西北面的一片冈地上，是一座并不显眼的商代中型墓葬。

　　殷墟是商王朝后期王都的遗址，据文献记载，自盘庚迁殷至帝辛覆亡，历经8代12王。据夏商周断代工程所列《夏商周年表》确认盘庚迁殷为公元前1300年，武王克商年为公元前1046年，共有200多年，商王朝居殷最久是无可争辩的。

　　妇好是商朝第二十三代君主武丁的3位夫人之一，也是一位杰出

的女将军，深受商王武丁的信任与宠爱。

妇好墓5米多长，约4米宽，7米多深，墓上建有被甲骨卜辞称为"母辛宗"的享堂。据说享堂原是商王武丁为祭祀妻子妇好而修建的宗庙建筑，尊其庙号为"辛"。

妇好墓虽然墓室不大，但保存完好，随葬品极为丰富，共出土青铜器、玉器、宝石器、象牙器等不同质地的文物1928件。

妇好墓中刻有铭文的青铜器有近200件。有"妇好"铭文的就有上百件，其中的两件大铜钺最为引人注目，一件以龙纹为饰，一件以虎纹为饰，每件重达八九千克。

据甲骨文判定，它们曾是妇好生前使用过的武器。据考证，铜钺在商代也是王权和军权的象征。

妇好生活于公元前12世纪前半叶武丁重整商王朝时期，是我国最早的女政治家和军事家。据甲骨卜辞记载，妇好曾多次主持各种类型和名目的祭祀和占卜活动，利用神权为商王朝统治服务。

此外，妇好还多次受武丁派遣带兵打仗，北讨土方族，东南攻伐夷国，西南打败巴军，为商王朝拓展疆土立下汗马功劳。武丁对她十分宠爱，授予她独立的封邑，并经常向鬼神祈祷她健康长寿。

然而，妇好还是先于武丁辞世。武丁十分痛心把她葬在河南安阳小屯村西北，并且随葬玉器共755件，是商代玉器最多、最集中的墓。

妇好墓的玉石雕刻种类很多，形态各异，展示了当时很高的制玉水平，这些玉石雕刻品中的人像是其中最重要的部分，是了解研究商代雕塑艺术、商代人种、服饰制度、生活情态等方面的宝贵资料。

这些雕刻作品供佩戴、插嵌装饰而用，非独立雕塑，反映出的商代雕塑创作中已具备较准确地掌握头部五官位置和身体比例，并能在小型器上有意放大头部的写实能力；注重发式、冠式的服饰等已显示人物不同社会地位的观察能力。而其中人物面部无表情、双目突出的特点又正是当时流行的雕刻装饰手法的体现，具有明显的时代特色。

妇好墓玉器的原料，经鉴别大部分是新疆玉，只有3件嘴形器质地近似岫岩玉，一件玉戈可能是独山玉，另有少数硅质板岩和大理岩。

这说明商王室用玉以新疆和田玉为主体，有别于近畿其他贵族和各方国首领所用的玉器，从而结束了我国古代长达两三千年用彩石玉器的阶段。

妇好墓玉器的玉色以浅深不等的青玉为主，白玉、黄玉、墨玉极少。除王室玉之外，还有来自地方方国的玉器，如有的刻铭说明是来自"卢方"的，这反映了商王室玉和方国玉器的工艺特色。

琢玉技巧有阴线、阳线、平面、凹面、立体等手法，在一件玉器上往往有多种琢法，图案的体面处理也有变化。

各种动物形玉饰有神话传说的龙、凤，有兽头鸟身的怪鸟兽，而大量的是仿生的各种动物形象，以野兽、家畜和禽鸟类为多，如虎、熊、象、猴、鹿、马、牛、羊、兔、鹅、鹦鹉等，也有鱼、蛙和昆虫类，其中有些器型尚属罕见。

玉雕艺人善于抓住不同动物的生态特点和习性，雕琢的动物形象富有生活气息，如一件回首状的小鹿，表现出警觉的神情；而头部歪向一侧的螳螂则显得悠闲自在，生动传神。

玉器之外还有绿松石、孔雀石、绿晶雕琢的艺术品和玛瑙珠等。

妇好墓玉器的艺术特点不仅继承了原始社会的艺术传统，而且依据现实生活又有所创新，如玉龙继承了红山文化的玉龙，仍属蛇身龙系统而又有变化，头更大，角、目、口、齿更突出，身施菱形鳞纹，昂首张口，身躯卷曲，似欲腾空，形体趋于完善。

妇好墓的玉凤是新创形式，高冠钩喙，短翅长尾，飘逸洒脱，与玉龙形成对照。玉龙、玉凤和龙凤相叠等玉雕的产生可能与巫术有关。

玉象、玉虎等动物玉雕来自生活，用夸张概括的象征性手法准确地体现了动物的个性，如象的驯服温顺，虎的凶猛灵活等。

玉人是妇好墓玉器中最为珍贵的部分，如绝品跪形玉人，头戴圆箍形，前联结一筒饰，身穿交领长袍，下缘至足踝，双手抚膝跪坐，腰系宽带，腹前悬长条"蔽"，两肩饰臣字目的动物纹，右腿饰S形蛇纹，面庞狭长，细眉大眼，宽鼻小口，表情肃穆。其身份是墓主人妇好还是贵妇，难以确辨。

妇好墓中的大量玉器，说明玉器在商代贵族生活中占有十分重要的地位，这也是"玉不离身"的最早例证。商文化是经过长期的发展所形成的，从玉器可以看出在发展过程中吸收了新石器时代某些文化的先进因素，并不断发展和创新，丰富了商文化的内涵。

另外妇好墓大型青铜礼器、武器和象牙器等也显示了商王朝的兴旺和手工业的发展水平。

青铜器共468件，以礼器和武器为主，礼器类别较全，有炊器、食器、酒器、水器等。多成对或成组，铸"妇好"铭文的鸮尊、盉、小方鼎各一对，成组的如圆鼎12件，每组6件，铜斗8件，每组4件。

"司母辛"铭文的有大方鼎、四足觥各一对。其他铭文的，有成对的方壶、方尊、圆斝等，而且多配有10觚、10爵。

　　有铭文的铜礼器190件，其中铸"妇好"铭文的共109件，占有铭文铜器的半数以上，而且多大型重器和造型新颖别致的器物。如鸮尊、圈足觥造型美观，花纹繁缛。

　　三联甗、偶方彝，可说是首次问世。三联甗由一件长方形甗架和3件大甑组成。甗架形似禁，面部有3个高起的喇叭状圈口，可放置3件大甑。腹腔中空，平底，下有6条扁形矮足，外底有十字形铸缝。

　　架面饰蟠龙纹3组，分绕3个圈口，龙头做侧面形，两端的头朝下，中间的头朝上。在一端蟠龙之前有一个兽面和一龙。龙的身尾均饰菱形纹和小三角形纹。架面四角分别饰以牛首纹，牛口向外。

　　圈口周壁饰三角形纹和一周云纹。甗架四壁也有精细花纹：长边两面各饰五组龙纹和6个大圆形火纹，两者相互间隔，其下接饰大三角纹10个；短边两面中部各有一龙，两侧饰以大圆形火纹。主纹均以雷纹为地。在中间圈口的内壁有铭文二字。

　　甑形制较大。敞口，下腹急收，凹底，底有3个扇面形孔，兽头半圆形空心耳。口下有两条细棱，饰游动状的龙纹两组，每组二龙，头相对，以雷纹为地。在龙身的上下侧分别填以圆形火纹。3件甗的口下内壁与两耳外壁分别有铭文两字。

三联甗是灶形器与甗配套使用，它可以同时蒸出三大甗相同或不同的食品，又可移动位置，使用方便，是炊具的创新。

妇好墓中这件偶方彝的器盖似屋顶，两端有对称的短柱钮，长边各有7个方形盖和7个尖形盖，正好和器身槽口吻合。器盖与器身装饰饕餮纹、夔纹、鸟纹、三角形纹等。

妇好墓中有3件象牙杯，有两件成对，其中一件夔鋬杯的形状似觚，通体以双线阴刻繁缛精细的饕餮、夔龙、鸟等图案，其口、眼、眉、鼻以及身部镶嵌绿松石，图案周围刻以细纤的"回"纹作为衬托。杯的一侧安以鸟、夔龙图案的鋬，其目、喙、羽、爪、眉及身部也都镶嵌绿松石。另一件象牙带流虎鋬杯，是我国最高的象牙杯，造型美观，雕琢精致，堪称国之瑰宝。

知识点滴

妇好墓1976年春由中国科学院考古研究所发掘，发掘工作由一名考古女专家主持。发掘的成功离不开专家的坚定信念与不畏劳苦的坚毅品格。

由于妇好墓保护隐蔽，很难发掘，在工作进程一半时，看到毫无结果，许多专家都断下定论，说这只是普通的地，上面的夯土也仅是残留建筑物的痕迹。

只有这名女专家坚信这夯土下一定有名堂，她积极投入其中，并且号召所有的同事、工作人员一起努力，终于功夫不负有心人，妇好墓再现于世……

青铜宝藏春秋赵卿墓

　　赵卿墓发现于山西省太原金胜村，是一座保存最好、获得资料最为丰富的大型春秋晚期墓葬和一座大型车马坑，也是已发现的春秋时期等级最高、规模最大、随葬品最丰富、资料最完整的晋国的高级贵族墓葬。

　　西周时，晋国是一个重要诸侯国；春秋初至晋文公称霸时，6个异姓贵族成为晋国的新兴势力，他们是赵、魏、韩、范、中行、知氏，即所谓的"六卿"。

　　赵卿墓的主人嬴姓，赵氏，名鞅，谥简，春秋时曾担任晋国执政卿达22

年，叱咤疆场，雄霸于诸侯。他曾命董安于修建晋阳古城，并开启了太原城的历史。

春秋末年，晋国公室衰微，大权旁落，分属六卿，史称"六卿专权"。赵简子挟强大武装，合诸侯之兵，戍周十载，又铸"刑鼎"，颁布晋之法典。

同时，赵简子为了赵氏在晋国政局中立于不败之地，开始了北进的行动，在其新的采邑地营建了一个军事城堡，并以此为中心，扩展自己的势力范围，这就是居于晋水之北的晋阳。赵简子派遣谋臣董安于治理晋阳。

公元前477年，叱咤风云、驰骋疆场的赵简子故去了。赵简子功勋卓著，权重一朝，在其死后，晋人自然给予其隆重的厚葬。其墓葬为大型积石积炭大型木椁墓，仅随葬品即达3100件，其中青铜器1690件。青铜礼器是核心，有一套七鼎，是墓主人显赫身份的重要见证。

赵卿墓墓圹为东西向的长方形竖穴土坑，口大底小，四壁光滑，无墓道。墓室正中，放置一椁和三层套棺。

椁室较高，面积近40平方米，没有支柱，椁四周、椁盖上及底部均积石积炭，椁室由柏木方搭制而成，与棺木皆腐朽，但可见刷漆修饰痕迹。因椁室坍塌，大多数随葬物品已破碎或变形。

墓主人仰身直肢卧于第三层木棺中，头向东，身下朱砂铺底，双手置于腰部，骨骼早已腐蚀。这位70岁左右的老者，身边陪葬有成对的戈、数以百计的镞等许多兵器，腰间还有4把青铜剑和4件纯金带钩，全身上下被瑞玉、佩玉、水晶及玛瑙制品所围。

赵卿墓全部随葬遗物除青铜器外，另有石磬、玉器、金器、陶器、木器、骨角器、玛瑙、水晶串珠、玻璃串珠、绿松石串珠、蚌器、海贝等。

赵卿墓随葬青铜器中，礼、乐、兵、舆器齐全。礼器是最重要的组成部分，鼎是其中的核心，镬鼎、升鼎和羞鼎三类齐备，共有27件，各式形状相同，纹饰一致，大小相次。

其中一件为附耳牛头螭纹蹄足镬鼎，圆口，平折沿，附耳，束颈，深腹，圆底，兽蹄形三足；鼎耳、器腹饰夔纹和蟠螭纹，颈饰牛头双身蟠螭纹，鼎足跟部是高浮雕的兽面纹；形体硕大，为所见春秋时期最大鼎。

另外还有5件立耳凤螭纹蹄足羞鼎，7件附耳牛头螭纹蹄足升鼎，6件铺首牛头螭纹蹄足升鼎，5件铺首环耳螭纹蹄足升鼎，2件猪钮蹄足鼎，1件卧牛钮蹄足小鼎。

列鼎制度是以"升鼎"为核心的，此墓共出3套"升鼎"，分别为7件、6件、5件一套，属"七鼎"之礼。

墓中发现有青铜壶8件，分方壶、扁壶、高柄小方壶、匏壶4种。方壶形制硕大，凝重古朴。高柄小方壶则小巧精致，盈顶，方口，腹隆鼓，长柄，喇叭形圈足，壶顶上二龙飞舞，器腹菱形纹交错。

匏壶尤其精美绝伦，壶体似一匏瓜，盖呈鸷鸟形，双目圆瞪，尖喙大张，细长颈，短尾，一双利爪紧紧抓住两条扭动的小龙，壶的肩腹部有一虎形捉手，从虎口衔环引出一条铰链，与壶盖的鸟尾相连。

赵卿墓有铜垒两件，形制相同，浮雕夔纹，端庄稳重。大鉴4件，主纹饰为粗犷威武的夔纹，器耳为高浮雕的兽头，雄浑庄严。与鉴相配套的盥洗器还有盘和匜。

盘圆口平沿，浅盘平底。匜有两种类型，一种是3件虎头提梁匜，质较厚实；另一种是器尾衔环的线刻纹匜，笔画细如发丝，遒劲有力。

赵卿墓除了大量的青铜器，还有玉器297件。墓主人身下铺满朱砂，口含玉块，身上放玉璜、玉璧、玉瑗、玉璋、玉佩、玉琼、玉圭、玉管和玉片等大量玉器，还佩戴有晶莹圆润的玛瑙环与色彩斑斓的料珠，手腕、脚腕上都饰有成串的水晶珠。

赵卿墓玉器的制作工序主要有切割、磨砺、抛光、钻孔、雕刻花纹等。绝大多数玉器制作精致，花纹精美，显示了当时晋国高超的琢玉工艺。

古代贵族死后要把乐器作为随葬品置于墓主人身旁，希冀墓主人的灵魂伴着美妙的音乐升天。

赵卿墓中的乐器共有32件，包括青铜编镈与石磬各一套。镈是春秋晚期新出现的一种大型单个打击乐器，形制与钮钟相同，但形体特大，是指挥乐队的节奏性乐器。

赵卿墓中的多件镈，形制相同，大小次减，应是成列的一套编镈，而按其纹饰、音调可分为夔龙夔凤纹镈和散虺纹镈两种。

赵卿墓中的兵器共计779件，主要有6件剑、31件戈、20件矛、10件钺、9件戟，以及510件匕、刀、镞等。虎鹰搏击透雕戈，在戈的骨和刃上透雕的猛虎雄鹰搏击图，将春秋时期战争的残酷场面表现得淋漓尽致。在墓主人的内棺还发现了一件带有铭文"赵孟之御戈"的戈，这是确定墓主人身份的重要实物。

在墓主内棺中出土的4把青铜剑，是春秋兵器中的瑰宝。剑身修长、单脊、宽从、锋刃。剑的格、鞘都饰有玉雕。这些兵器也许是墓主人的心爱之物。

虎形灶和帐篷顶是行军作战随身携带的生活用具。赵卿墓出土的虎形灶是一件形制比较奇特的青铜灶具，由灶体、烟筒、釜、甑4部分组合而成。

灶体上前有虎头形火门，中间有放置甑器皿的灶膛，后有可安放烟简的烟道。此灶适用于行军作战，兼有中原和草原文化的特点。

赵卿墓的车马坑位于该墓的东北侧，是赵卿墓的重要组成部分。平面呈曲尺形，由车坑与马坑两部分垂直交会组成。

车坑位于曲尺形平面西部。车坑底部先挖好轮槽，埋入时将车轮嵌入槽内，车轴紧贴坑底，此方法为国内首次发现。车坑中陪葬车至少16辆，分南北两列，依次由西向东整齐排列。

庞大的车马坑，众多的车马器，使人们仿佛看到了战旗烈烈、战火熊熊、车辚辚、马萧萧的战争场面和赵简子指挥若定、运筹帷幄的大将风度。

知识点滴

1987年7月，太原第一热电厂在太原市南郊的金胜村附近，进行厂址的第五期工程扩建，意外地发现了一片古代墓葬。

随着一件件文物的出土，考古专家发现，这座墓葬规格之高，规模之大，堪称已发现的东周晋国墓葬之最，在发掘过程中，考古专家在墓主人内棺附近发现一件刻有5个线刻文字的青铜戈，这个铜戈是墓主人生前佩带的防身之物。

这5个字被考定为"赵孟之御戈"，根据这个重要线索，查阅相关历史书籍，通过对陪葬品的种种分析、研究，专家确定，这座墓葬的拥有者，就是赵简子赵鞅。

陵墓奇珍中山国王墓

　　中山国王墓位于河北省平山县，是春秋战国时代中山国王璺的陵墓，王璺生于公元前344年，公元前327年成为中山国第五代君主。

　　中山国是春秋战国时代位于太行山东侧的一个小国，是我国北方少数民族白狄族的一支鲜虞人建立的国家，分布在河北境内，以正定为中心。而至战国时期，发展成为北方"千乘之国"，在战国时期占有重要地位。

　　尤其是王璺执政时期，中山国国富兵强，曾与战国七雄中魏、韩、赵、燕五国共同称王，以抵御秦、齐、楚等强国的侵略。继后伐燕也取得大胜，国势达到空前鼎盛时期，使中山国跻身于强国之林，历史地位更显重要。

那时，中山国和赵国世代为仇，经常发生战争。历史上著名的赵武灵王"胡服骑射"的改革，一个主要目的就是强兵富国消灭中山。

中山国自建国至灭亡，历时400多年，但由于史书缺载，有关中山国的资料只靠零碎的推断。而中山国王墓的陵墓则证明了中山国的真实存在，他36岁去世，他生前耗费巨资为自己营建陵寝，制作玩物。

国王墓为一大型墓群，三号至六号4座大、中型墓呈东西向排列，附近都有陪葬坑。另距城址西墙2000米处，并列着一、二号两座大墓，墓上及附近有建筑遗址、陪葬墓、坑等。

一号墓最大，为中山国王之墓，埋葬时间在公元前310年左右。墓上封土呈方形，由下而上为3层台阶。第1层内侧有卵石筑成的散水，第二层有回廊建筑遗址。

　　墓主室平面呈中字形，南北长约110米，宽约29米。室壁成4级阶梯，表面用白粉涂饰。椁室在室内中部，平面方形，用厚约两米的石块砌成，椁室内约有四层套棺。

　　一号墓椁室内发现了珍贵的兆域图铜板，兆域图是一幅葬域建筑平面图，图中注明建筑各部分尺度以及王后和夫人的棺椁制度等。它是我国最早的建筑设计图，根据此图并结合遗址，可以推测出王墓建筑的原状非常雄伟。

　　一号墓南北各有一条墓道。墓葬周围有6座妾、婢陪葬墓、两座车马坑、一座杂殉坑和一座葬船坑。

　　国王墓的随葬器物很多，但多属雕塑作品，主要是生活用具和礼器等，有青铜礼器、兵器、乐器，以及玉器、金器和陶器等随葬品1万余件，真实地再现了中山国的物质生活面貌。

　　一号墓的青铜器有鸟柱盆、错金银龙凤座方案、虎座15连盏灯、错银双翼神兽、错金银虎噬鹿器座、错金银犀形器座、错金银牛形器座、错金银神兽等；发现于六号墓的，有银首人形灯、鸟柱盆、错银镶金镶绿松石牺尊等。其中，各种动物形器物，造型都很生动。

　　最成功的作品是错金银虎噬鹿器座。作者选择了虎已将鹿攫住、鹿犹在挣扎的瞬间，虎腹弯曲贴地，尾平甩起，四肢有力地撑持着，预示即将转身腾跃，从姿态的转变中表现了力度和运动感。

虎座立柱上有15盏灯歧出，有如灯树。底盘由3只一首双身的虎承托着，盘镂空刻蟠龙，盘上立有两个裸上身的人正与灯树上的6只猴子戏逗，树中间栖大鸟，再上，有长龙向顶部攀援。

错金银龙凤座方案以底座上的4只鹿承托，器的主体部分为纠缠交叉在一起的4条龙4只凤结构而成，局部变化多端而整体关系明确简洁，显示了战国金属工艺作品的构思精密和制作严谨。

一号墓有50余件铭刻铜器，其中有"刻铭铁足铜鼎""夔龙纹铜方壶""铜圆壶"，方壶与大鼎铭文为中山王所著，这几件铜器铭文提到了导致燕国内乱的燕王哙让位于相邦子的事件，中山国见机派相邦司马赒率军北略燕国，占领数百里的燕地。

中山国王墓中的玉、石器多发现于一号墓和三号中型墓，玉器有1000件以上，它们质地坚硬、光泽温润，彩色柔和，是崇高与珍贵的象征，大部分也刻画着抽象的动物形态。

重要的有3件小玉人，其中两件为头梳牛角形双髻的妇女，一为儿童；由虎、蟠虺和兽面等纹饰组成的浮雕线刻石板；玉佩饰中的三龙蟠环透雕佩及龙、虎形佩，具有玲珑剔透之美。

中山人自古就以擅长酿酒而闻名，一直流传着许多与酒有关的神奇故事。国王墓中发现的酒已埋藏了2300多年，仍然散发着浓郁的醇香之气，是世界上第一次发现的最古老的实物酒。

国王墓中这些丰富的文化遗产，形象地说明了中山国人的聪明与智慧。他们在继承北方优秀文化的同时，又吸收着中原文化的先进成分，创造出了令世人惊叹的灿烂文化。

中山国的历史文化面貌在我国的史书上很少见到，一直是历史学界长期悬而未解的问题。

1974年，在河北省平山县发现的中山国王豐的陵墓提供了很多有价值的史料。

有些考古学者认为因为在墓中有鲜虞族的器具，所以推断中山国最早是由北方民族鲜虞人所建立，而也有人认为中山国境内鲜虞与华夏民族因长期来往与共同生活而融合，使得彼此文化上的差异也逐渐消失。

知识点滴

文化宝库西汉南越王墓

　　西汉南越王墓位于广东省广州解放北路的象岗山上，是西汉初年南越王国第二代王赵眜的陵墓。

　　在秦末楚汉相争之际，时任南海郡尉的赵佗吞并桂林、象郡，于公元前203年建立南越国，定都番禺。南越国疆域基本就是秦朝岭南三郡的范围，东抵福建西部，北至南岭，西达广西西部，南濒南海。

从赵佗最初称王后，南越国共传5代王，历时93年。开国之君赵佗僭称南越武帝，第二代王赵眜为赵佗次孙，在《史记》中被称为赵胡，僭称文帝，第三代王赵婴齐为赵眜之子，死后称明王，皆筑有陵墓。

赵眜的南越王墓劈山为陵，从象岗顶劈开石山20米，凿出一个平面"凸"字形的竖穴，再从前端东、西侧开横洞成耳室，南面开辟斜坡墓道。墓室以红砂岩石仿照前堂后寝的形制砌成地宫，墓顶用24块大石覆盖，再分层夯实而成。

墓室仿照生前宅居筑成，墓室坐北朝南，前三后四共7室。墓主居后部中室，前厅后库，前部东西为耳室，后部东西为侧室。殉葬者共15人，其中姬妾4人，仆役7人。

南越王墓的前部前室四壁和顶上均绘有朱、墨两色云缎图案；东耳室是饮宴用器藏所，有青铜编钟、石编钟和提筒、钫、锩等酒器以及六博棋盘等。

西耳室是兵器、车、马、甲胄、弓箭、五色药石和生活用品、珍宝藏所，尤其珍贵的是来自波斯的银盒、非洲大象牙、漆盒、熏炉和深蓝色玻璃片。这证明南越国早期或更前年代广州已与波斯和非洲东岸有海上贸易。

后部主室居中，为墓主棺库主室，墓主身穿丝缕玉衣，随身印章9枚，最大一枚为"文帝行玺"龙钮金印，此外，还有螭虎钮"帝印"、龟钮"泰子"金印以及墓主"赵眜"玉印等。

东侧室为姬妾藏室，殉葬姬妾4人均有夫人印一枚；西侧室为厨役之所，殉葬7人，无棺木，室后置猪、牛、羊三牲。后藏室为储藏食物库房，有近百件大型铜、铁、陶制炊具和容器。

南越王墓共发现遗物千余件套，其中金印是国内首次发现的汉代帝王金印。这对研究秦汉时期岭南土地开发、生产、文化、贸易、建筑等状况以及南越国历史等方面都具有重要价值。现就陵墓及部分珍贵文物做较详细的介绍。

南越王墓有一件物品被称为"镇墓之宝"，那就是"文帝行玺"金印，是我国发现的第一枚帝印。在传世或发现的秦汉印章中，未见一枚皇帝印玺，只有文献记载。

据文献所讲，帝印都是白玉质印、螭虎钮印，印文是"皇帝行玺"或"天子行玺";而南越国赵眜这枚帝印却是金质印、蟠龙钮印,印文是"文帝行玺"。这是金印的独特之处,是南越国自铸、赵眜生前实用之印。

这枚"文帝行玺"金印是正方形,印台重148.5克,含金量非常高。印面呈田字格状,阴刻"文帝行玺"4个小篆体的字,书体工整,刀法刚健有力。

蟠龙钮是一条龙蜷曲的样子,龙的首尾和两足分置在4个角上,似腾飞疾走,印面槽沟和印台四周壁面都有碰撞和划伤的痕迹,而且还遗留着一些暗红色的印泥。印台背上的龙,有些部位磨得十分光滑,说明这枚金印是墓主人生前日常行使王权的大印。

南越王墓除了"文帝行玺"金印外,还有"泰子"(即太子)金印和"右夫人玺"金印，但不是龙钮，而是龟钮。"泰子"金印也是首次发现，在传世印玺中未曾见过。

按秦汉礼制规定，只有皇帝、皇后的才能称"玺"，其他臣属的印是不能称"玺"的。皇帝用玺并非只有一种，而有多种。

例如用于赐诸侯王的"皇帝之玺"、用于封国的"皇帝行玺"、用于发兵的"皇帝信玺"、用于册封外国的"天子之玺"等。

"皇帝玺"被视为"传国玺"，历代统治者视为保国镇疆之宝，正所谓"得宝者得天下，失宝者失天下"。而赵眜的"文帝行玺"是个人专用，不往下传，因此死后用于陪葬。

历史上发现的印实属较多，但是大多数是铜质、玉质或水晶质的，很少发现有金印，大概只有12枚，12枚金印中属东汉的有8枚，属西汉的4枚，仅南越国便占了3枚。

南越王墓的金器除金印外，还有金带钩、金花泡和杏形金叶，均是饰物。而金花泡普遍被认为是海外输入的"洋货"。

南越王墓中有一件白色的银盒特别引人注目，那闪闪发光的花瓣显得尤为突出。在主棺室，盒内有10盒药丸。

从造型、纹饰和口沿的鎏金圈套等工艺特点看，银盒与我国传统的器具风格迥异，但与古波斯帝国时期遗物相似。经化学分析、研究，认为是波斯产品，银盒里的药丸很可能是阿拉伯药。因此，银盒并非南越国制造，而是海外舶来品，具有重要的历史价值。

南越王墓的银器除了银盒外，还有银洗、银卮和银带钩，都是越王室的专用器具。7件银带钩工艺十分精美，有5种式样、钩首有雁头形、龟头形、龙头形和蛇头形等。

铜器在南越王墓随葬物中占有重要地位，共有青铜器500多件，不但品种数量多，而且制作工艺技术精湛，极具地方特色。这批铜器中有厨具、饮食用具、酒器、乐器、生产工具及各种日用器具等。

铜鼎共有36件，有汉式鼎、楚式鼎和越式鼎，其中有9件刻有"番禺"铭文，都是由南越国的都城工匠所造，是广州建城历史的重要物证。

特别是越式大鼎。鼎内有"泰官"封泥一枚。南越国也像西汉一样设有"泰官"一职,是掌管南越王日常饮食的职官。

铜壶共9件。特别值得一提的是一个鎏金铜壶,细长颈,大腹,造型美观大方,通体鎏金,光亮华丽,是一件艺术精品。

铜提筒共9件,是南越王墓中最具地方特色的器物之一。特别是一个船纹铜提筒,除器身有几组几何饰纹带外,最为突出的是4只首尾相连的羽人船,每船有羽人5名,各饰羽冠,赤脚。船首倒挂一具人头;船首尾各竖两根羽旌。

5个人形态各异,有的划桨,有的击鼓,有的持兵器,有的在杀俘虏祭海神。船与船之间还有海龟、海鱼等做装饰,形态生动,工艺精美的艺术品。

南越王墓中的39件铜镜大部分都是精品,例如连弧龙纹镜、带托镜、十字龙凤纹镜、绘画镜、六山纹镜等。其中绘画镜是彩绘人物大画镜,为国内最大的西汉绘画圆镜,是汉代铜镜中的珍品。

绘画圆镜仍保留白、青绿两色的绘人物组画,中央有两人做跨步弓腰斗剑表演,两侧各有4人站立围观,生动逼真。周围和中间还配以连弧纹和卷云纹。

还有一件六山纹镜，有6个斜形山字，衬以浪花形羽状纹和莲叶形花瓣纹饰。

铜熏炉共有11件，有单件和四连体的，炉腹和顶盖均镂孔透气，是用来焚香料的，香料被认为是舶来品，这是最能反映南越国地方特色的典型铜器，其复杂的工艺反映了当时的铸造技术水平。

宴乐之器是古代统治者炫耀其奢华生活和身份地位的标志。南越王墓内东耳室有一批乐器，旁边还有一名殉葬的乐师。

乐器可分铜、石、陶、丝四大类，青铜乐器有钮钟一套14件，甬钟一套5件，句鑃一套8件。

句鑃扁方形实柱体柄，弧形口，阴刻篆文"文帝九年乐府工造"，并刻有"第一"至"第八"的编码，是我国唯一发现具有年代而又有序号的句鑃。

南越王墓中的兵器种类多，数量大，除15把剑为铁质外，其余皆为铜造。最为难得的是一把"张仪"铜戈，铭文"王四年相邦张仪"等字，"王四年"应为秦惠王时，由张仪监造，说明是由秦带入南越的。

铜虎节是一件难得的珍品。姿态生动威猛，蹲虎欲跃，虎头昂扬。张口，露齿，弓腰，卷尾，饰以错金虎斑纹，是国内仅存的一件错金虎节，尤为珍贵，有错金铭文"王命：车徒"，属于孤品，是一件重宝。节是外交和军事上的信符，有虎节、龙节、人节之分，可以用来证调战车和士兵。

铜钫是一个方形壶。腹呈椭圆形突出，饰以繁缛的浮纹，复杂多变。这种盛酒的铜器制作精良，具有透雕风格，更能衬托出主人酒的名贵与醇香。

墓中的铜构件较多，有鎏金铜铺首6件。有一个已朽的漆屏风的铜构件多种，例如，转角鎏金铜托座、鎏金蟠龙托座、正间鎏金铜托座、鎏金朱雀铜顶饰、鎏金双面兽形铜顶饰等。

玉璧是正中有孔的圆形玉器。南越王墓有各种玉璧56件，仅主棺室就有47件，说明墓主对玉璧的喜爱。特别是主棺室的一件大玉璧，是墓中所有玉璧中最大的一件，雕刻精致，纹饰古朴庄重，颇有帝王之气，是我国已知玉璧中体形最大、龙纹饰最多的一块，被称为"璧中之王"。

玉衣是汉代特有的丧葬殓服，东汉灭亡以后，未发现有玉衣。玉衣是有等级规定的，有金缕、银缕、铜缕玉衣，诸侯王多用金缕，也有用银缕的。

而南越王墓的这件丝缕玉衣为首次发现，也是我国唯一的一件。整件玉衣全长1.73米，共用玉片2291块，用朱红色丝带粘贴，构成多重几何形纹样，色彩鲜艳。

另外墓中有玉印共9枚，其中3枚有文字的玉印都是出在主棺室墓主身上，分别是"赵眜""泰子""帝印"的方形玉印。"赵眜"印和"帝印"都是墓主身份的物证。

在人们生活中，陶器比其他器具的存在时间更长、作用更大、关系更密切。南越王墓共有陶器371件，计有储容器、炊煮器、日用器，还有网坠、响器和模型等，众多的陶器说明其在王宫的日常生活中的重要作用。

在西室中还发现原支大象牙一捆，共5支、并排堆放。经鉴定，这5支大象牙的产地是非洲，可能是通过海上丝绸之路来到广州的。另外还有刻画象牙卮、象牙算筹等，可见这些大象牙是进口雕刻原料。

西汉南越王墓是1983年发现的南越国第二代国王赵眜之墓，是已发现汉代最早的彩绘石室墓。

墓中出土文物1000多件套，共万余件，集中反映了2000多年前南越国政治、经济的发展状况。

南越王墓是我国重大的考古发现之一，1996年被列为全国文物重点保护单位。

知识点滴

佛门秘宝法门寺地宫

    法门寺位于陕西省宝鸡市的扶风县法门镇。据传法门寺始建于公元68年，周魏以前也叫阿育王寺，隋改称成实道场，唐初改名法门寺，被誉为皇家寺庙，因安置释迦牟尼佛指骨舍利而成为举国仰望的佛教圣地。

公元前486年，佛祖释迦牟尼圆寂之后，他的弟子们用香木焚烧了他的遗体。等大火熄灭以后，在灰烬中发现了许多圆珠一样的结晶体，还有一节手指骨、4颗牙齿和一块头盖骨等，称之为"舍利"。

从此，舍利就被视为佛门的圣物，而那节没有焚化的手指骨就称作"佛指舍利"。200年后，称霸印度河流域的古印度孔雀王朝阿育王为弘扬佛法，把舍利分载于8.4万个宝函，由僧众分送世界各地。

东汉灵帝时期，虔诚的佛教徒们带着佛指舍利来到我国陕西，恰逢扶风镇上光芒万丈，汉灵帝视为吉兆，大喜之下令工匠造地宫秘藏佛指舍利。

地宫是我国佛塔构造特有的一部分，用以瘗藏佛舍利、佛的遗物、经卷等法物的密室。它不同于古印度把佛舍利藏在"刹竿"里的做法，是与我国古代的深藏制度结合的产物。

唐代是法门寺的全盛时期，它以皇家寺院的显赫地位，以7次开塔迎请佛骨的盛大活动，对唐朝佛教、政治产生了深远的影响。

唐代200多年间，先后有高宗、武后、中宗、肃宗、德宗、宪宗、懿宗和僖宗8位皇帝六迎二送供养佛指舍利。每次迎送声势浩大，朝野轰动，皇帝顶礼膜拜，等级之高，绝无仅有。

874年正月初四，唐僖宗李儇最后一次送还佛骨时，按照佛教仪轨，将佛指舍利及数千件稀世珍宝一同封入塔下地宫，用唐密曼荼罗结坛供养。

迎请佛骨在唐末愈演愈烈并达到高潮。所谓迎请佛骨，就是每隔30年把珍藏在塔基下地宫中的佛骨迎入长安城皇宫瞻仰。

自874年迎骨请佛骨之后，地宫关闭，与世隔绝1000多年之久。法门寺在唐代也曾遭到过厄运，唐武宗在845年大规模灭佛，史称"会昌法难"。

他曾下令毁掉佛指骨舍利，但此前，寺僧们已经准备了几件佛指骨舍利的影骨，即仿制品，用以搪塞君命，而把如来佛真身指骨秘藏起来，而且从此地宫就再未被打开过。

宋代法门寺承袭了唐代皇家寺院之宏阔气势，被恢复到最大规模，当时仅二十四院之一的"浴室院"可日浴千人。宋徽宗曾手书"皇帝佛国"4字于山门之上。

法门寺地宫由踏步、平台、隧道和前、中、后三室组成。全长21.4米，虽然面积仅31.48平方米，但却是世界最大的佛教地宫。

地宫中有制、储、饮一套精美的金银茶具，这是我国所知时间最早、等级最高的成套茶具，也是世界上发现时代最早、等级最高的宫廷茶具。

这套茶具是唐僖宗亲自使用过的鎏金茶具，还附带有银火箸、银坛子、结条笼子等，分别对应了唐朝宫廷茶道的全过程，完全印证了陆羽写的《茶经》中的有关内容，用实物讲述了我国茶文化的发展过程。

而世上仅存的佛指骨舍利就在地宫的密龛里，共有4枚。

地宫后室的土层挖开后，就有一个密龛显露出来，密龛里藏着一个包裹，里面又是一个铁函。那个沉甸甸的宝函里套着一重又一重的宝函。直至第七重，里面是镶满珍珠的金质宝函，宝函里是一座宝珠顶小金塔。纯金塔打开后，金座子上有个像手指一样的银柱子，上面还有白花花的东西。这就是第一枚佛指舍利，但是一件仿制品，命名为"特级一号"。

第二枚佛祖舍利珍藏于

地宫汉白玉灵帐中的盝顶铁函。一般开启八重宝函，是完全按照碑文的记载来进行的。但是这只铁函，碑文却没有任何记载。

启开木盒，盒内是彩绢，当取开最后一层彩绢时，发现鎏金银棺。银棺左右两侧，各雕一位守卫银棺的金刚力士，左执剑、右执斧。

整个小银棺置于金棺床上。第二枚佛指舍利就置于鎏金银棺内，命名为"特级二号"。

第三枚佛指舍利藏于地宫后室北壁秘龛内，一只锈迹斑斑的铁函，打开铁函，里面是一枚45尊造像盝顶银函。银包角檀香木函内为嵌宝石水晶椁子。椁盖雕观世音菩萨及宝瓶插花，椁身四面皆雕文殊菩萨坐像及莲座、花鸟。水晶椁子里又是一个壶门座玉棺，玉棺里面又是一枚佛指舍利，命名为"特级三号"。

这枚佛祖真身指骨舍利呈现乳黄色，一面有一些霉点，还有一个非常细小的裂纹；三面俱空，一面稍高，骨质细密而有光泽。在日光灯下，似有灵怪异彩。经鉴定，这枚才是佛祖释迦牟尼真身指骨舍利，也是世界上独一无二、佛教界至高无上的圣物。

第四枚佛指舍利发现于阿育王塔中。阿育王塔全称汉白玉浮雕彩绘阿育王塔，由塔刹、塔盖、塔身、塔座4部分组成。铜铸塔刹，葫芦状，安置于盖心。塔盖为9层棱台，由上而下逐渐变大，每边刻一圈如意云头二方连续图案。

　　塔内放着一座宝刹单檐铜塔。铜塔为模铸成型，平面呈方形，分作塔基、塔身、塔刹部分。塔基为须弥座，其外有三层渐收的护栏，每面护栏正中有弧形踏步。

　　铜塔内盛放银棺一枚。棺体下有两层台座，上层台座四周錾出一圈仰莲瓣，下层四周镂空成壶门。当这口银棺的棺盖被启开后，又一枚佛指舍利出现了，被命名为"特级四号"。

　　法门寺地宫出土的佛骨真身是世界上唯一的佛教圣物，法门寺将因此成为世界佛教朝拜的圣地。

　　法门寺地宫还发现有熏香品9件。据地宫内《物帐碑》记载，唐懿宗奉佛的香炉3件，唐僖宗供养的香囊两枚。这是唐代皇帝在宫廷使用熏香器的明证。

　　在法门寺地宫开启前，对秘色瓷一直有各种说法，有认为秘色指的是一种釉色的隐秘，也有人认为是对一种颜色的叫法。地宫《物账碑》中记载，以及13件秘色瓷器珍品的发现，为人们揭开了这个谜团。

唐朝时我国的丝绸织物已发展到一个高峰，地宫中的丝织品就成了很好的佐证。这些物品多是历代皇后所供奉的，其中还有武则天的"武后绣裙"一件。

地宫《衣物帐碑》，全称《应从重真寺随真身供养道具及恩赐金银器物宝函等并新恩赐到金银宝器衣物帐》，罗列着地宫里2499件文物清单。

该碑文详细记载了懿、僖二宗、惠安皇太后、昭仪、晋国夫人、诸头等皇室戚贵、内臣僧官供奉佛指真身舍利的金银宝器、衫袍衣裙等，是至今首次发现的唐代衣物帐碑。碑文物主清楚，名称罗列明晰，有标重类注，为研究唐代政治、经济以及衣物宝器名称、制作工艺、衡制、纺织服饰等方面提供了丰富的资料。

知识点滴

1981年8月24日，法门寺宝塔半边倒塌。1986年政府决定重建，1987年2月底重修宝塔。适逢农历四月初八佛诞日，"从地涌出多宝龛，照古腾今无与并"，在沉寂了1113年之后，2499件大唐国宝重器重见天日，其中包括最重要的"佛指舍利"。

1987年5月8日，第一枚舍利被发现；5月9日深夜，发现第二枚；5月10日0时6分，发现第三枚佛指舍利；5月12日，在原旋转地宫前室的阿育王塔中发现第四枚佛指舍利。

1994年11月29日至次年2月28日，为促进中泰人民友谊，应泰国国王、僧王之请求，经中央政府批准，佛指舍利首次离境，用专机护送到曼谷，供泰国广大佛门信徒瞻拜85天。